我值得一段好關係

運用情緒覺察的力量找到關係平衡

羅納・費德烈克
Ronald J. Frederick 著

李律 譯

Loving Like You Mean It

Use the Power of Emotional Mindfulness
to Transform Your Relationships

各界讚譽

「《我值得一段好關係》用語淺顯易懂，字裡行間充滿愛與溫暖。羅納・費德利克從神經科學、關係理論，以及多年來的臨床經驗出發，引領讀者處理感情問題。閱讀本書，人們將可以了解到自己為何會做出某件事（即便自己其實不想），並學習如何去改變，進而去愛與被愛。」

——黛安娜・佛莎（Diana Fosha），加速體驗式動態心理治療發起人，著有《情感轉化力》（*The Transforming Power of Affect*）

「羅納・費德利克試著用同情心理解人們由早期經驗形塑出的情緒生活。藉由一套充滿啟發又務實的方法，讓人們得以從過去中解放，以建立更強大、快樂的關係。」

——艾莉莎・戈史丹（Elisha Goldstein），洛杉磯「正念生活中心」共同創辦人

「《我值得一段好關係》是一本真誠的、書寫極佳的實用指南，告訴人們如何運用覺察力轉變人際關係。費德利克將帶領各位進入他的諮商室，並透過其工作經驗有

技巧地幫助人們收穫更有質量的關係。強烈推薦！」

——路易斯・哥佐林諾（Louis Cozolino），美國珮珀代因大學心理學教授，著有《人類關係的神經科學》（*The Neuroscience of Human Relationships*）

「本書處處充滿金句，以溫暖清晰的語言提供了豐富的見解，使我們能與自己及所愛的人建立健康愉悅的關係。我如此希望在我以前的交往經歷中有本書可作參考，而現在它就在這裡！我充滿感恩地推薦給我身邊的人。」

——拉法葉・庫施尼爾（Raphael Cushnir），著有《唯一阻止你的事》（*The One Thing Holding You Back*）以及《讓你的心著火》（*Setting Your Heart on Fire*）

「羅納・費德烈克不只是有天分的心理治療師，更是有天分的作家，他讓讀者參與專業、有效的練習，以修復關係中的活力與完整。若你一直苦惱於該如何化解親密關係中所遇到的障礙，本書絕對是值得挖掘的寶藏。」

——琳達・格拉翰（Linda Graham），婚姻家庭治療師，著有《復原力》（*Bouncing Back*）與《心理韌性：重建挫折復原力的132個強效練習大全》（日出出版）

獻給我的母親，感謝她無止盡的愛

以及

獻給提姆，感謝他開啟了《我值得一段好關係》的門，

並且全心全意陪我度過這一切

※本書中除了作者的同事與家庭成員，所有細節，包含人名，皆已更改。本書並無法用來代替專業人士的協助。

目錄

前言……8

第一部　情緒行為的神經迴路

第一章　早期依附關係的情緒體驗——Making Sense of How You're Wired……26

第二章　我們一定屬於某種依附類型——You've Got to Have Style……56

第二部　運用四步驟，重新設定情緒的神經迴路

第三章　步驟一：辨識並指稱——Step One: Recognize and Name……90

第四章　步驟二：停止、放下，然後停留——Step Two: Stop, Drop, and Stay ……130
第五章　步驟三：暫停並反思——Step Three: Pause and Reflect ……173
第六章　步驟四：有覺察地相處——Step Four: Mindfully Relate ……217

第三部　學會與情緒共處

第七章　照顧與處理內心的各種感受——Feeling and Dealing ……266
終章　成真 ……307
附錄　尋求專業協助 ……312
致謝 ……314
參考書目 ……316

最終，只有三件事重要：
你愛了多少、
你多麼溫柔地活著，以及，
你如何優雅地放掉那些對自己不重要的事。

——佛陀

前言

一直以來，人總是希望能完整享受到愛所帶來的回饋，卻因其捉摸不定而感到苦惱。我二十歲之前，明顯感受到愛不只是兩個人的眼神交會。墜入愛河的過程——從心花怒放、掌心冒汗，到內心滿溢著熱情與狂喜——總是非常容易且美好，令人猝不及防。但是，想要持續停留在這時刻並保持良好關係絕非一件容易的事。愛人不是應該很輕鬆嗎？為什麼我就是無法做到？於是我開始思索：有什麼地方是我沒注意到或不知道，才導致關係失敗的呢？我做錯了什麼？

為了解開我的困惑，我踏入了心理治療師的辦公室。我十分感謝我的心理師，他是個非常有智慧又充滿關愛的長者，且能敏銳洞察各種情況。他曾行腳到世界各地，也愛好各種藝術，他的其中一個嗜好是與我分享一些詩詞與文學作品，並因此照亮了我的道路。在某次諮商中，他分享詩人兼小說家萊納・瑪莉亞・里爾克（Rainer Maria Rilke）所寫的文字：

「讓一個人去愛另一個人：這可能是我們最艱難的任務，也是最終的試驗與證明，其他的努力都只是為其做準備。」

這段文字引起我深深的共鳴。愛，或是好好去愛，其實真的很難，需要我們付出許多努力。雖然我還不清楚我需要做什麼樣的努力，才能在愛情裡成功，但里爾克的話讓我覺得自己沒那麼孤單了。後來，我又在一張問候卡上看到同樣一段文字，於是我買回家並把它裱起來掛著。這段話促使我思考自己到底需要做什麼，才能好好去愛與感到被愛。

身為一位心理學家，我每天都會遇到很多在愛情中受挫的人們。有些關係一開始好像非常有希望，但接著就失敗了。有些充斥著爭吵、敵意、衝突或不安。有些到後來變得麻木無感，或是隨著時間漸行漸遠。許多人會說他們的感受經常被對方誤解、忽視，甚至利用。他們無法理解自己與伴侶的關係為什麼會從原本的快樂感受，演變成總是處於困惑、欠缺溝通、無助與絕望的狀態。有些人則是說不出他們的關係中什麼特別糟糕，但又隱隱覺得少了什麼。

在他們之中，有很多人都非常努力想讓關係變好或是回到正軌，還因此去做過心理諮商。但無論他們多麼努力嘗試，仍無法維持穩定的關係。他們總是一遍又一遍反覆某些相處模式——讓他們一無所獲的相處模式。

聽起來很熟悉嗎？如果是，代表你並不孤單。芝加哥大學的國家意見研究中心近期研究發現，在一段關係中不能得到滿足的比例正在上升。更多人苦於無法讓愛像以前一樣活躍（註1）。

那麼，到底為什麼會這樣呢？

根據我碰過的所有人，包含工作及私人上，以及我個人的生命經驗，還有大腦運作科學來看，我總算理解到，雖然每個人都有各自特定的問題，但是歸根究底，大部分人最核心的難題是一樣的——害怕與當下情緒「共處」，以及在關係中坦率表現自我。在許多層抱怨之下潰爛著的，是「不敢」做自己的恐懼心。

我們都害怕敞開心胸，害怕在親密關係中表露出誠實、無偽裝的自己，因此無法專注付出或接收愛、不懂如何控制或表達憤怒、悲傷、羞愧，或者不敢承認需要親密與安全感。我們淪為被恐懼綑綁的俘虜，害怕與伴侶共處於當下的情緒——正是恐懼，使我們無法深刻體會關係中最純粹的情感，阻止我們擁有真心想要的關係。

但為何我們會害怕處於當下的情緒，以及在關係中展露自我的真實面貌？

答案就在於，我們成年時的大腦仍然在運作我們生命開始頭幾年所建立的程式，它告訴我們在這個世界要做什麼，以及不要做什麼。然而，對很多人來說，這個程式所設定的迴路早已過時，並不適用於今日的生活。

根據依附理論，在早期童年，與照顧者之間的經驗會形塑個人的情緒發展，並常久銘印在大腦的神經迴路中。如果照顧者是一位情感開放與值得信賴的人，將有益於培養孩子的情緒調節與管理能力。他們不僅能夠安慰自己、讓自己冷靜下來，也較能同理他人的情緒。而這種處於當下情緒的能力，正是健康關係中不可或缺的條件。

相反地，如果照顧者對孩子的情緒需求回以負面反應——例如孩子感到害怕且需要他們的肯定時卻屢遭挫折、受傷需要安慰時卻沒有受到關切，或是每當生氣地捍衛自己的意見就會被責備——漸漸地，孩子就會開始變得害怕表達自我，以避免自己失去所愛之人。

也就是說，為了維持與照顧者之間的連結及穩固一段關係中的安全感，孩子會選擇壓抑或加強某些感受來討好照顧者，以致壓縮了自己的情緒表達範圍，甚至喪失了控制與表達感受的能力。此時，核心自我的出現會因受到阻礙，而被隱藏在年幼時必須遵守的情緒界線內。

麻煩的是，這種來自童年的情感經驗會被儲存在非意識層面，無形中引導我們的行為。當這些記憶未受到挑戰並延續至成人時期，就會直接影響我們回應感受的方式：

如何看待伴侶並與之互動？是暴露還是偽裝真實的自我？大部分人進入成人關係的世界時，別說擁有靈活豐富的關係技巧，反而常常處於情緒沒有準備好或受制於某些反應的情況裡。即使那些反應曾經一度有效，但現在卻阻撓我們與人建立真實的連結。

因此，當某些感受或需求出現在我們現在的關係中，我們的反應就會充滿防備，如同真的陷入危險中。我們盡全力把真實感受藏在內心以達成某種安全感。我們不願公開分享自己的感受，或是追求自己的需求，而是去責怪、批評、苛求我們的伴侶——或者，相反地，封閉自我，中斷連結，表現出一副毫不在乎的樣子。但其實在我們的層層防備之下，內心是非常在乎的。

事實上，兒時面臨的危險已不復存在，但很多人仍不自覺地持續用面對危險的方式來回應自身情緒，及關係中的需求和欲望。我們始終持續著相同的反抗模式——讓我們什麼也無法達成的模式——好像沒有其他選項一樣。為了保護自己，我們總是與伴侶爭執，卻不冒險表露內心的傷痛或恐懼。我們縮小、否定或隱藏憤怒，藉由遠離伴侶來逃避直接面對，最終只感到怨懟、失去興趣或是憂鬱。或者，我們無法表達心中完整的愛，然後接著，不理解為何身旁的伴侶總是向我們抱怨自己感覺很孤單，對我們的愛不確定、充滿挫折感。

與其認真去愛，我們更像是轉向自動駕駛模式的汽車，任由大腦的舊迴路所控制。我們毫無頭緒地思索著：為何一切對自己來說如此困難？為何不能擁有更令人滿意的關係？為何不能和他／她產生親密的連結？我們不禁質疑：「最好的情況就只有這樣了嗎？不可能再更好了吧……」

只有當我們發現、關注內心的變化，鼓起勇氣敞開心胸地活在當下，才能讓事情有所轉變。

去過，做過

以我個人為例，年幼時與父母親相處的經驗形塑了我的神經系統。他們倆經常發生情感衝突而令我感到焦慮。因此，即使他們努力愛我，仍不足以讓我和其他手足在內心建立安穩的情感連結。或許，這就是我成年早期會有許多不理想情感關係的原因。

雖然我的情感關係在一開始都不錯，但經過短短幾個月就會變得一如往常的困難。起初，彼此覺得新鮮有趣，渴望探索、挖掘對方的內心世界，越到後來越難以引起共鳴，兩人就像是處在平行的時空，互動中充滿了緊張的爭吵，衝突似乎一觸即發。

當時我覺得傾聽並相信自己內心的真實感受很困難。我常常感到不安與不確定。

例如只要發生令我生氣或失望的事情，我就會質疑自己、說服自己沒事，或是避免直接提起此事，卻沒有察覺到那些感受依然存在心裡，並影響著我在關係中的相處體驗，例如我總是無法專注享受當下共度的快樂時光，喜悅的感受稍縱即逝，取而代之的是內心的恐懼。我擔心接下來會發生什麼，像是可能會說錯話、把事情搞砸。無論我多渴望與另一半有親密的情感連結，與其單獨在一起時我卻只感到焦躁不安，很難平靜下來全心投入在當下。

我沒有發現自己在表面下其實這麼焦慮，或是有多大的焦慮正在影響我每個動作與決定。我折磨我的大腦，試著想出為何經營關係會這麼困難。我閱讀了大量關於人際交往的文章與書籍，很認真地運用裡面提到的建議，還花了好幾年的時間無止境地在心理治療時討論。我甚至把「對親密關係的恐懼」寫成我的博士論文！然而，即使我努力探究其中癥結，想讓關係發展有所轉變，還是持續碰壁。

我不確定這樣的情況過了多久，直到遇到了一位心理治療師，她幫助我的方式與以往我所體驗到的都不一樣：與其鑽牛角尖地弄清楚腦袋在想什麼，更重要的是專注於內在情緒的變化。我吃驚地發現自己很難停留在當下的感受中，尤其是與別人在一起的時候。

我之前的心理諮商幫我釐清了我仍舊被與父母親之間的依附體驗所影響，於是我開始探究自己早期的體驗到底是如何影響我此時此刻，如何啟動我的神經系統，逼我或是把我推向不同的方向，導致我做出充滿防備的反應。在深層的潛意識層面中，我仍然預期，如果我敞開心胸表達自己，就會有壞事發生。大腦的舊軟體持續發出警告訊號控制我，逼我走上狹窄、早已走過多次的道路。如果我想去其他更好的地方，我需要慢下步調，留在當下處理我的不安，並找到不同的前進方式。

一開始我感覺很困難也很可怕，但是幾次之後，內心的空間好像被打開了，當大腦的舊迴路被啟動，我便試著往後退一步，觀察並辨識當下發生了什麼。與其一味讓大腦空轉，我學習專注感受自己的情緒。這麼做之後，我漸漸能把自己從神經系統的舊反應中解放，不再受焦慮所苦。

隨著焦慮的警鈴逐漸止息，我更能連結到核心的自我，真正了解內心的感受和需求。我認清了那個一直向外尋求親密關係的自我；那個囿於早期制約、試圖遮蓋隱藏的自我。隨著時間的累積，我漸漸鼓起勇氣敞開心胸，表達真正的自我，學習重新與人相處並從中建立新連結，逐步成為「我最想成為」的自己。

現在，我所要做的功課，便是學習一個嶄新、更真誠的方式與自己及他人共處。

這個方式最終將能使我得到真正渴望的關係。

新的事物

儘管做出不同的努力仍無法常久維持一段親密關係的原因，就在於我們不自覺任由大腦中的舊迴路主導自己。無論多麼努力改變行為、多認真練習傾聽、溝通或是解決衝突，如果沒有意識到背後的真相，我們的神經系統終究又會被啟動，然後再度上演同樣的老把戲，控制不住自己。因此，最基本的條件是：直到發現並學習如何控制內心以前，我們與人交流的方式不會有真正的改變。

幸好在最近這幾年，神經科學領域有長足的進展，改變了我們對於大腦運作方式、發展與改變的認知。雖然過去認為大腦在成年後就會固定不再成長，但現在大家都理解大腦有所謂的「可塑性」，也就是大腦在一生當中都是可改變的。藉由重新整理或是「重新配置線路」，以對新體驗做出回應。這個過程通常稱為「神經可塑性」。這表示我們能夠改變大腦迴路的建構。

有人可能會疑惑這要怎麼做到。當然，我們不能再重複做同樣的事，因為這樣不會形成改變，只會加強已經在做的行為。我們需要做出不一樣的新事情，即發展「情緒覺察」的能力。

情緒覺察指的是，時時刻刻關注自己以及別人「當下」內心的情緒感受。這麼做不僅能改變大腦運作的方式，還能把自己從過去的舊習與恐懼中解放。與其壓抑或是爆發情緒，不如以正面、有建設性的方式覺察情緒，找到與自身情感共處的平衡點，進而與他人展開一段更健康的關係。

情緒覺察的技巧現在已經被證實能夠紓解壓力、活化心智運作功能，並加強整體心理健康。我在二〇〇九年出版的《我值得一段好生活：運用情緒覺察的力量達成真心想要的生活》（*Living Like You Mean It: Use the Wisdom and Power of Your Emotions to Get the Life You Really Want*）以及本書中所介紹的情緒覺察技巧，是以瑞典林雪平大學的研究為基礎。許多報告顯示，練習發展情緒覺察技巧的受試者能夠更有效處理焦慮、憂鬱以及社交焦慮（註2）。

此外，這對人際交往也有許多好處。根據美國首席兩性關係專家約翰・高特曼（John Gottman）所說，情侶越能夠理解、重視並處理彼此間的感受，這段關係就越有機會持續下去並開花結果（註3）。

當我們與伴侶都能夠更有覺察地探索並表達出各自的情緒、感受、需求與欲望，就能增加彼此的安全感、穩定與信賴，並加強兩人之間的情感連結。處於當下的情緒有助我們處理衝突、修補裂痕，讓關係回到正軌並充滿活力，也能增加對彼此的同理心和同情心。我們理解並分享內心感受的同時，最好也能從伴侶那裡得到所需要的關懷，相反地，讓伴侶真切感受到「被珍視」與「被愛」也很重要。簡言之，我們必須有勇氣逃離大腦的舊迴路，用更開放、脆弱的方式與伴侶共處，以實現更深刻而持久的親密關係。

內心的功課

當然，俗話說：「兩個人才能跳探戈。」我們與伴侶需要同心協力扮演好各自的角色，才能找到和諧相處的節奏和步調。但是，要跳好一支雙人舞的關鍵仍在於自己是以何種姿態展開舞蹈。我們呈現的是有限的情緒與相處技巧，還是能夠靈敏探索與回應情緒之歌？是把最好的自我帶進關係中，抑或帶入的是妥協的自我？

雖然我們是什麼樣的人，以及如何管理自身感受並非全憑意志力就控制得了——畢竟人類大腦不只是個人嬰幼兒時期所處環境的產物，更遺傳自百萬年來演化的基因——然而，既然我們的神經具有可塑性，不是更應該負起責任好好管理情緒嗎？（註

4）為了給我們的關係再一次戰鬥的機會，我們必須如此。如同心理學家兼「正念與自我慈悲」發起人克里斯多福・葛莫（Christopher Germer）所說：「改變與他人的關係始於我們，這是內心的功課。」（註5）

此外，各位覺得讓兒時舊有的神經迴路來綁架自己的幸福是否公平或可接受？會不會因此永遠無法了解自己完整的潛力呢？或是永遠無法拉近關係中的距離？在內心深處且隱身在焦慮、恐懼、罪惡感與羞愧背後的，正是核心自我，也就是那個了解自己的真心、自己的感受、自己的需求，以及自己所想要事物的自我；那個能看清事物全貌並深刻感受與表達的自我；那個能夠開放、有效處理棘手問題的自我；那個帶著同理心和關愛來協調關係的自我。**那是你原本的樣貌而非受早期制約設定的自我。**而這不正是我們想在關係中呈現的樣子嗎？想像自己如果能做到這樣，生命又會變得如何？

不得不說，我二十年來的婚姻關係能充滿幸福，就在於我學習慢下來關注內心的想法與感受，同時藉由非暴力溝通，讓彼此的真實心意都能順利傳達給對方。

當我們願意與伴侶分享內心感受，伴侶就能藉此機會深入了解我們，並給予新的回應。我們必須培養具有成長性與療癒性的關係。如果希望生命發生改變，如果真心想要感覺到與伴侶之間的情感變得更親密，我們就要有勇氣分享最深層的自我，例如受傷時感受到的悲哀、被錯怪時感受到的憤怒、不安時感受到的脆弱、在意對方時感覺到的心跳，以及被愛時感受到的快樂。

不可否認地，要敞開心胸、真誠面對關係中的所有體驗和感受，有時也使我充滿恐懼，我不知道自己這麼做時，事情會如何發展。但是之後就會變得簡單許多，我們不必讓自己一口氣墜入未知，而是用一次一小步的方式發展情緒覺察的能力。這是一個需要累積時間重複練習並加強的過程。因此，如果你畏懼於這麼做，這是正常的。但是不需要擔心，凡事皆有出路，我們總會找到戰勝恐懼的方法。

解決之道在於找到方式減少你內心的壓力，讓你能與你的慣用行為模式保持一點距離，以便停留並表達出在當下的感受，而我將會幫助你。

關於本書

二十多年來，我都在實行並教導由心理學家黛安娜・佛莎（Diana Fosha）所發起的「加速體驗式動態心理治療」（AEDP）。這是一種以依附理論為基礎、情緒為主的心理治療模式。（註6）我幾乎沒有一天不被AEDP的力量感動，因為它幫助人們跨越限制他們的樊籬，體驗到生命中更深層的親密情感。我寫下本書就是因為我希望各位也可以像這樣，從腐舊的制約中解放，把最好的自我帶進關係中，並創造你真心想要的關係。

根據我運用AEDP在眾多個案身上的經驗，我將與各位分享四個經證實有效的步驟方法來克服恐懼，使我們與自己及他人建立更深刻的連結。雖然本書的目的是要幫助各位提升情感關係的品質，但這個方法也可以運用在所有你想要探索與加強的人際關係中——無論是家人、小孩，或是朋友。

本書將分成三個部分：第一部將幫助各位了解自己的過去為何會出現在當下，以及用何種方式出現。第二部將提供各位一些情緒管理技巧，將核心自我從過去的舊迴路中解放，並用更健康、有效的方式與你的伴侶相處。第三部則帶領各位實際操作AEDP四步驟。

唯有更了解自己、自己的行為，以及大腦如何運作，才能以更有效與更具關愛的方式進行大腦舊迴路的改造工程。在第一部「我們如何被設定」中，我們的旅程將透過「依附理論」與神經科學知識來解釋早期相處經驗如何形塑大腦，在大腦畫出神經路徑，默默影響我們的覺知，並引導在關係中的行為。本內容將會檢視各位在成長歲月中的情緒環境，以及對應的相處方式，也就是我們所發展出來用以維持與照顧者之間情感連結與安全感的方法。各位將會熟悉我們習慣的幾種回應模式，能更清楚看見自己早期的程式設定如何影響現在的生活，也更了解自己為何會做出某些行為。

在第二部「更新我們的迴路」中，我將教各位以四個步驟來發展並運用情緒覺察技巧。步驟一「辨識並指稱」，各位將學會辨認舊程式在何時啟動了你的神經系統對威脅的反應，也就是我們被「觸發」的時刻，才可以開始破除習以為常的反應。步驟二「停止，往下與停留」，各位將學會暫停並創造內心的空間，向內關注正在翻騰的情緒和想法，而不是反射性做出行動。在步驟三「暫停並反思」中，各位將學會冷靜、客觀地審視自己，以緩和不舒服的感受、修復內在的傷口，從此不再被恐懼掌控。這一步是要藉由接觸核心自我得到更多智慧，考慮到更寬廣多元的選擇，以尋找出最符合自己意圖與價值的行動。最後是步驟四「有覺察地相處」，各位將學會用不同以往的方式專注在當下的情緒，並嘗試表達自我、做出更客觀的回應，讓自己有機會被聽見與被接受。本書的所有章節都包含各種簡易的技巧練習，幫助各位發展、強化與自己及他人相處的新方法。就如同所有技巧一樣，越練習技術就會越好。

此外，我也會教各位如何辨識並看穿伴侶的防備，避免自己陷入舊迴路之中，探索出更健康的相處方式。各位將學到如何感謝、鼓勵和愛，以及如何善用自己的同理心與同情心來加深關係的連結。

在第三部「將重寫迴路付諸行動」中，我們將探訪三位有著不同依附型態的案例，看他們如何在各自的生活中運用那些步驟。

本書中，我也會與各位分享同你一樣有情感困擾的人們的故事——那些感到挫折、孤單，與絕望的人們，但也是願意面對內心恐懼、勇敢將自我情緒坦然展露在伴侶面前的人們。你將會見證他們的關係發生了奇蹟般的改變，變得更完整、更豐富。我希望各位能在這些故事中發現自己的身影，從而感覺自己並不孤單，甚至堅信這樣的改變也能真實發生在自己身上。

我們都擁有與人建立健康親密關係的能力，只是需要等待它出現。各位準備好要找到方法讓關係自由、閃耀了嗎？只要使用正確的情緒覺察技巧，你將能擁有真正想要、也注定能得到的關係。你可以認真去愛。

第一部

情緒行為的神經迴路

Chapter 1

早期依附關係的情緒體驗

「在知覺有記憶以前，記憶已選擇該相信什麼。」
——威廉・福克納《八月之光》
（William Faulkner, *Light in Augus*）

「這聽起來可能不太正常，有一部分的我覺得和丈夫說『謝謝你』很可怕。」諾拉睜大眼睛地說。

諾拉是我一位三十多歲個案，她告訴我關於她丈夫克里夫昨天陪她去看醫生時發生的事。當時她焦慮不已，因為她最近發現乳房有腫塊，而昨天正要去看乳房攝影的篩檢結果。她的丈夫在此時一反常態地表示關心，說願意陪她去看醫生。克里夫坐在諾拉身旁一同聆聽檢查結果，最後幸好醫生說她很健康，沒有異狀，使他們都鬆了一口氣。

當他們離開診間，諾拉感覺她體內累積多日的壓力開始散去，內心湧出一陣溫暖。她不只對自身的健康狀況心懷感恩，更對丈夫的關愛與照顧感激不已。尤其她多年來苦於充滿爭吵的婚姻，雙方都盡了很多努力才得以跳脫積習已久的惡性溝通模式，兩人的關係看起來總算有些好轉。

諾拉想要好好感謝克里夫，讓他知道在她需要的時候，有他陪伴對她來說多麼重要，也想告訴丈夫他的哪些作為修復了他們的關係，或是回應了她的需求，藉以表達謝意。但是當那句「謝謝你」已經在舌尖打轉，就快脫口而出，諾拉卻緊閉雙唇，始終無法說出口。她對我描述當時的感覺，說就好像被一個力場籠罩，身體被恐懼攫住，讓她無法大方說出內心的感激。

諾拉說到此處時，眼中充滿淚水。「這沒有道理啊！」她一邊搖頭一邊疑惑地看著我。「為什麼我就是無法說謝謝呢？」這是個好問題。為什麼諾拉會恐懼於向丈夫說聲「謝謝你」？如果要找出這件事的核心原因，就必須正視身體的感覺、心裡的感受。也就是說，我們得向諾拉的身體反應尋求答案。

我解釋說：「嗯，這可能無法用理智來理解，但很明顯，妳非常害怕對克里夫表達心中的感謝，這是我們該注意的問題。妳的身體好像比妳的腦袋更清楚發生了什麼。」

我建議她：「我們來試一下，把眼睛閉上，然後想著和克里夫在一起的那一刻。

想像妳想謝謝他，同時注意體內的變化。妳感覺到了什麼？」諾拉閉起眼睛回憶起那時候。幾秒內她好像感覺到什麼，瞬間睜大眼睛，充滿恐懼。「妳感覺到了什麼？」我問。

「我覺得胸口好緊，心跳加速。和我偶爾會有的焦慮感一樣。」我順著她的感受詢問，引導她找出答案：「什麼這麼可怕？問妳的恐懼，而不是妳的大腦。」

「感覺好像會發生不好的事，我不知道……感覺我好像會被拒絕。」諾拉回答。

真正發生的是什麼？

諾拉到底怎麼了？什麼讓她感到如此恐懼？她一直都希望丈夫可以更積極、更有參與感，把她和他們的感情當作是最重要的事。你可能會認為她所有的感激突然消失了。但事實是，當諾拉有機會表達，她卻感到害怕。為何她會害怕向丈夫敞開心房、對於更加緊密的關係感到卻步呢？

為何我們之中有這麼多人會像諾拉那樣，害怕在關係中表現出自己的情緒呢？

這當然不是我們從小就這樣。從我們出生起，便具備了大膽表達自我並且與他人連結的能力，這項能力在降生於世的頭幾年會迅速發展。最近幾年，我有幸在我外甥伊森身上親眼目睹了整個發展過程。我不只覺得他可愛到不行（我承認我迷戀得有些過頭），更屢次驚訝於他總是能迅速經歷並生動表達他的情緒。他開心的時候會展露微笑或發出笑聲；他難過、生氣、煩燥時會落淚；當他看見他的雙親，臉上會洋溢著愛的光彩；而當他感到害怕，就會立刻尋求碰觸與安慰。能親眼見證他直接明確的感受，以及他與生俱來與人情感溝通與連結的能力，實在是非常神奇。

這位兒童能清楚、無礙地表達情緒，完全與諾拉甚至我工作上及私下所接觸的所有成人相反。的確，隨著我們年齡漸長、變得成熟，表達感受的方式會變得更加複雜。在有效的協助下，我們學到如何處理自己的感受，以及如何以口語表達出我們的體驗。但既然我們生來能如此自由奔放，又怎麼會變成這樣？我們怎麼變得如此害怕與人分享感受呢？我們究竟是如何喪失關照自己感受以及與人情感連結的能力呢？

這個問題的答案或許可以藉由檢視我們最初的人際關係中發掘。

設定好了要與人連結

「依附理論（attachment theory）」是人類人際關係發展理論中最具實證驗證的其中一種，表示我們與父母之間的早期情感經歷將形塑我們的自我認同、世界觀，以及在關係中的行為模式。知名英國精神醫師約翰．鮑比率先提出該理論，根據的主張為對於親密關係的需求是人在世上最重要的關鍵（註1）。從我們出生一直延續一輩子。我們在生命之初就有尋求與人接觸、慰藉與連結的直覺，在百萬年的演化之間就設定好了。

這項直覺在我們剛出生時最顯著。當我們還是嬰孩，我們全然無助地降臨這個世界，完全必須依靠父母的照顧，幫我們洗澡、更衣，餵養我們，並撫慰處於害怕、悲傷中的我們，以及保護我們免於傷害。此外，我們的社會化與情感的發展也仰賴於父母親如何調解、回應與陪伴我們。人類與其他哺乳類動物不同，需要數年的撫養與協助才能獨立自主。

照顧者對我們來說極為重要。他們讓我們得以活下去，所以我們與生俱來會與他們建立關係與連結的能力。如果我們沒有這樣的能力，就絕對無法活下去。

因此，與照顧者維持穩定的依附關係是相當高賭注的行為，這樣的動力常常排擠我們其餘的原始需要。簡單來說，我們會極盡所能地與照顧者維持關係，以避免被遺棄，因為這對嬰孩來說等同於面臨死亡。嬰幼兒時期的首要目標就是盡可能鞏固與照顧者之間的聯繫。

親密的肢體接觸是體驗與人聯繫的其中一種方式，例如被父母親抱著、握著我們的手，或是主動向外尋求肢體接觸。對嬰孩時期的人們來說，肢體接觸更是最初的聯繫方式。然而，我們與照顧者建立聯繫的方式以及如何與之保持聯繫主要是通過情感。我們透過自己的感受與照顧者的情緒反應來察覺並體驗與人的連結與分離。

在嬰孩時期，我們無法以言語表達自己的狀態，一切溝通都來自感覺，而感覺常以非語言的方式表達——透過表情、眼神和肢體的「語言」，以及透過觸覺、聲音、語調與節奏。我們透過肢體感受讓他人了解我們體驗到的心情變化，因此，我們也透過察覺與審視別人的情緒來了解他人。

最理想的狀態是照顧者處理好他們自己的情緒，並適時對我們的溝通做出回應，和我們一起享受愉悅、撫慰我們的恐懼，並充滿關愛的滿足我們對親密感與關懷的需要。當我們在表達自我時，如果能感受到照顧者的參與及理解，就會覺得自己被看見、被傾聽、被認可。一旦雙方達到情緒同步，我們將感到彼此更加親近、緊密，內心也更踏實、有安全感。從這方面來說，依附關係與情緒經驗密不可分——情緒經驗會形塑雙方的情感連結與親密關係的維繫方式。

在此，我認為父母親無須無時無刻完美地、感同身受地滿足我們所有的情緒表達，這太強人所難。父母當然有時也會分心、焦慮、感到煩躁，或是他們最初的反應不如我們所預期。但若照顧者能夠適時發現事情進展的狀態，重新參與或修補那些裂痕，雙方仍然能繼續好好地維繫彼此之間的關係與心情。

事實上，有研究顯示，當照顧者能意識到並修補彼此間的情緒裂痕，將能加強彼此之間的連結，也能讓我們感覺更加安穩，因為我們知道，儘管關係產生中斷仍能獲得修補。這條路並不順遂，但是彼此團結合作可以度過難關，學到這個經驗非常重要。就算事情發展非我們所預期，但我們仍能找到方式平安度過，了解這個道理有助於強化內心的安全感。畢竟，如果我們能確定和他人之間的關係在歷經風暴後仍能回歸正軌，當然就不會太過擔憂。

在經歷與父母無數次反覆的情緒交流後，我們的感受得以表達、被正視、被回應，這不只讓我們感到彼此間的聯繫更緊密、更安心，也讓我們有機會學習並了解如何正確使用情緒。事實上，我們的情感發展直接反應出父母協助我們處理感受的能力，尤其對嬰孩來說，那些感受常常太濃烈或太強烈。

當父母引導我們管理自己的情緒，例如從強烈情緒中冷靜下來、關注當下，並從經驗中學習，最後我們將能發展出正面處理感受的能力，以及調節與運用情緒的能力。幼時學到處理感受的程度越廣，成年時處理情緒起伏的能力將更靈活。靈活應變情緒的能力之於我們相當受用，根據研究情緒智商的報告顯示，能夠做好情緒管理並善加運用情緒，必能引導我們在未來擁有成功的人生，及良好的親密關係（註2）。

可惜的是，我們當中有許多人的父母親時常對於某些情緒感到不舒服，不論是他們自己的還是來自他人的。這時事情就會往另一個方向發展。

嬰孩會從照顧者的臉色、眼神、肢體語言當中敏銳察覺到其細微的情緒變化。當父母親對某些感受覺得不悅，並做出負面反應，即便是非常微弱，我們仍會感受到。例如當我們的憤怒冒犯到他們，而他們因此告誡我們時，或是當我們的恐懼使他們煩躁，導致他們對我們失去耐性。又或者是，我們對親密的需求強烈到讓他們無法負荷而想抽離時。當我們感受到照顧者任何不舒服的跡象，我們會感到害怕。因為照顧者的不悅，對我們纖細敏感的感知系統來說，可能會被認定是將遭到遺棄的威脅。因此，我們幼時便開始敏銳觀察並學會父母親能接受的情緒與行為是哪些，而他們無法接受的又是哪些。我們學習分辨哪些感受會讓父母不開心，哪些會讓他們開心。更重要的是，我們漸漸成為專家，熟知哪些感受能保持與父母之間的親密，哪些則會讓他們不開心而遠離。

我們內心那股與生俱來、想與人維繫情感的欲望，以及與人失去情感連結時所感到的挫折，都會驅使我們發展出情緒調節的能力，以更妥善因應眼前的情況。我們會壓抑某些感受，避免破壞與人的連結，或是彰顯某些感受，好讓照顧者更積極參與。簡言之，我們極盡所能地保持與爸媽，或至少其一的關係。

照顧者因單一事件偶發的負面反應，並不會為我們留下深刻的影響，尤其是如果父母能修復並調整關係，或是重新用更有效的方式處理。然而，如果這樣的負面反應重複發生，就可能導致孩童迴避或扭曲那些可能導致照顧者負面反應的感受，或是誇大那些可能可以確保關係連結的感受。

孩童壓抑或是過度彰顯某些感受可能會成習性，因為那些反應能讓我們保持與父母的緊密連結，並加強父母對我們的照顧與聯繫。但這些生存策略也使我們付出高額的代價，削弱我們天生的感受力、溝通能力、與他人分享重要感受的能力。我們的發展會隨時間漸漸被阻礙，而我們的情緒與人際交往能力也將日漸低落。最後我們會脫離自我，無法完整體驗自己的感受與人際關係。

諾拉的早期情緒經驗

在諾拉害怕對丈夫表達感謝之下，五味雜陳的感受像泉水般湧出。諸如像愛、脆弱、悲傷以及希冀親密與聯繫等，都是她多年來學會壓抑並遮掩的感受，在成長過程中擁有這些感受太危險了。起初，當我幫助諾拉降低焦慮，讓她的內心有空間容納各種感受，一幅她年幼時期的景象油然而生，造成她現在如此掙扎的源頭也隨之浮現出來。

諾拉出生於一個不安穩的環境。她的母親將近二十歲，而她的父親則是三十五歲，他們沒有結婚，關係也相當波折。諾拉的父親幾乎不在家，就算在家，他的注意力也都花在諾拉的母親身上。諾拉渴望父親的關照，希望被他看到、被關心、被疼愛。但他總是經常被其他事情轉移注意力，而且沒什麼耐性。父母親很少會對彼此和顏悅色，總是把僅有短暫的相處時間消耗在爭吵上。諾拉不久後非常震驚地得知，父親和鎮上另一個女人也組成了一個家庭，並把大多數時間都給了他們。

諾拉的父母數度挽回婚姻關係，卻仍以失敗告終，並於諾拉六歲時決定分開。諾拉父母親不愉快的分手經驗成了她揮之不去的陰影，那些痛苦的回憶歷歷在目，即使諾拉長大成人也從來沒有將之遺忘。她還記得和母親一起上火車前往外婆家，而父親獨留在火車月台上的景象。火車載著諾拉漸漸遠離，她盯著窗外一臉憂愁的父親漸漸縮小的身影，感到心碎、被遺棄。她內心充滿無法承受的悲傷，一動也不動地坐在座位上。一個念頭在她內心萌芽，一定是自己不好，所以才不受人喜愛、沒有一點價值。畢竟，那是六歲的小諾拉唯一可以想到的理由，不然為什麼父親會願意讓她走？諾拉自此再也沒有見過父親。

諾拉的母親雖然在她幼時一直在身邊，但她總是處於焦慮不安且無法預期的狀態。從許多層面來看，她自己也還只是個女孩，內心還有許多自己的考量，尚未準備好勝任教養子女的母親。

諾拉的母親總是充滿恐懼，並且過分保護諾拉，總是嚴厲告誡諾拉世界的險惡，並明確教導她如何保護自己免於傷害。但這樣的作為並沒有讓諾拉充滿安全感，母親的各種告誡反而讓諾拉更容易心懷恐懼，覺得總有壞事會降臨。

諾拉的母親偶而會表現出關愛的樣子，但大部分時候，當諾拉對母親表示出她的感情需求，或渴望母親注意，母親多半都被別的事情轉移注意力而疏忽她。當母親難得注意到諾拉，卻又常常顯得不耐煩，或是很漫不經心應付一下，有時甚至責備諾拉小題大作或是不可理喻。諾拉記得有一次，母親好像撞傷了，所以她靠向母親想親吻她的手臂，然而母親無法控制自己的挫折感，又無法接受女兒的關懷，於是大聲斥責了諾拉：「不要碰我！」母親退開並大喊，留下困惑、受傷又羞恥的諾拉。

諾拉的母親也許有試圖補償過去對諾拉的忽視與惡劣的反應，偶而會突然非常戲劇化的關心起諾拉。或許有人覺得母親這樣的行為調整可能會對諾拉有正面影響，但幾乎相反，諾拉對這樣的表現感到喘不過氣——這只不過是滿足母親自己的需要，而非諾拉所需。這不是諾拉需要的那種敏銳、細膩的愛與關懷。

諾拉無法確定到底可以多期待母親，也害怕可能迎來羞辱與拒絕，所以她養成習慣，避免明確向他人表達自己需要親密與關懷，並盡可能壓抑自己對他人展現關愛。但是她內心深處太渴望與人連結，無處宣洩之後就變成抑制自己的習慣，並造成許多莫名的創傷。諾拉的母親不懂女兒的行為是情緒造成，所以她帶女兒去看醫生，希望可以解決問題，或是用藥物消除其某些症狀。這是諾拉母親唯一確實展現出她在乎女兒的作為。

諾拉從小就學到怎麼樣可以讓母親靠近以及怎麼樣會讓母親遠離。諾拉也學會如何解除自己的情緒需要，並且降低任何可能會讓母親覺得不舒服、鄙視她、甚至趕走她的感受。諾拉盡可能讓母親開心，並感受到彼此的連結。但在這些表象之下，諾拉其實一直在受苦，期望自己偶而能被徹底而無條件地關愛、安慰、擁抱。她與生俱來的感情無處可去。對一個孩子來說，這方式能有效解決這樣難以維持的情況，並且能讓諾拉撐過幼時與家人相處的日子。

諾拉習於討好他人但忽略自己的感受，隨著時間過去，漸漸形成她與人互動的模式，她無法與自己的情緒經驗連結，也無法與身邊親近的人連結，包含她的丈夫。諾拉小時候用以維繫與母親關係的行為模式，現在已經成為一個負擔。

當我幫助諾拉提升對自己內心情緒的覺察後，她才開始發現，在丈夫面前表現脆弱的一面，流露出更多關愛的感受，對她來說相當困難，因為她已經被「害怕」所囚禁，她害怕被拒絕或被忽略。在表面之下，她渴望被完整或是無條件的關心、擁抱，就像她說的：「我想成為真實的自己。」

過時的設定

大家可能會好奇，為何諾拉的恐懼會持續至今？畢竟，她現在已經是一位成年女性，不需要擔心母親的反應。此外，即使她的丈夫對於她展現脆弱的一面（其實不大可能）做出負面反應，她應該還是可以自由地、不在乎地表達她的感受，不是嗎？這個想法的確有一部分是對的。諾拉是成人了，她應該對自己感到安心並自在。問題在於，她的大腦仍然維持著以前的老舊設定，而且一直持續如此運作，直到她意識到這個問題，並決定遠離這個早已被設定好、被制約的神經系統反應。

為了了解我們內在的這些生理現象，我們可以先認識一下大腦是如何發展與運作。大腦是一個「社會化的器官」。當它和別的大腦有刺激的互動經驗，它會蓬勃發展。事實上，嬰兒時期的大腦在出生時尚未發展完成，需要與他人交流情感才能繼續發展臻至成熟。基因決定每個大腦會特別補強的神經元，我們的經驗決定了哪些神經元被活化。若是沒有人與人之間交流的經驗，我們尚未成熟的腦內神經元會漸漸萎縮甚至死亡。與其他人有所連結可活化大腦細胞，並在腦中串連成一個巨大的、每個人特有的神經迴路——可以說是建構出監督我們怎麼行動的程式。

在我們剛誕生的頭幾年是關鍵時刻，因為此時的大腦會以驚人的速率成長。最先發展的是右腦，也就是掌管非語言的情緒表達、接收以及調節的部分。

我們早期的生命都花在右腦世界裡，包括感受、圖像、身體感官。而掌管語言、邏輯與思考的左腦較晚才開始發展。最明顯的發展跡象就是嬰兒開始掌握更多語言表達能力時。這樣發展順序所造成的結果是，有好一段時間我們都是由右腦主導，所以有很長一段時間，大腦發展都是發生在跟感受相關的感覺、察覺、體驗與表達情緒。

甚至因為我們多數的經驗都來自照顧者，所以與照顧者的情緒交流會高度衝擊大腦的建造。

接著更進一步看大腦如何發展。

我們還是嬰孩的時候，需求相當單純，生活就是為了生存。我們來到這個世界上時，會隨時為了保持安全而精準調整。事實上，大腦中的杏仁核就負責評估危險程度以及是否啟動「戰鬥—逃跑—不動」的反應，它在我們出生前就已經開始運作。人們從小就能判斷自己身處的小世界是否安全，而且也已做好隨時反應的準備。如果無法感覺到與照顧者之間的聯繫，或是感覺到照顧者的情緒尚未準備好，也尚未能提供回應，我們會變得焦慮且挫折，杏仁核會響起警鈴，表示我們的安危正受到威脅，並啟動神經系統，以便準備採取行動。我們透過許多嘗試與錯誤，用各種方式表達情緒反應，歸納出該怎麼做才能讓父母親更專注在我們身上，同時得到安全感、覺得安心。這些情緒教材告訴我們什麼對維持與人的連結有效、哪些無效，並被寫入我們的神經迴路設定中。

每當父母親能夠適時用接納、鼓勵的方式回應我們的情緒，我們會更正面地將我們的感受與他們的表達連結在一起，因而能安心分享我們的感受。舉例來說，一位母親能夠在孩子難過時表示同感及關懷，孩子會覺得被關照。孩子們會學到，表達出情感上痛苦的部分是有幫助的，因為可以得到自己想要的安慰，使自己覺得好過一點，而且他們會相信，總會有人在一旁關愛地陪伴著他們。我三歲的外甥伊森就非常幸運，因為他的照顧者都是非常能適時提供情感照料的人，所以他現在就能夠非常自在地表達自己的感受。用依附理論來描述的話，他對他的照顧者已經形成了「安全依附」。

反之，如果照顧者對伊森各種情緒表達的反應會增加他的焦慮，這會與他印象中的危機感形成連結。舉例來說，當父親對子女的恐懼與脆弱感到挫折煩躁，並回應得相當沒耐性、毫不關心，子女會得到這個經驗——表達感受以及表達需要慰藉與關懷是危險的。那些沒有被好好回應的子女們，在感到被關照並被理解時，反而會認為自己情緒化的表達是不對的、有害的，必須要避免這樣的行為。

這就發生在諾拉身上。諾拉的母親在她尋求關愛與親密時反應消極，導致諾拉學會必須壓抑自己的表達，以免被別人拒絕。

不論好壞，童年時某種特定的互動如果不斷重複發生，相關的神經通路連結就會越強大。就像我們常說的：「神經元一起興奮，一起串連。」（註3）最終會根據累積的經驗，決定究竟是安心還是恐懼被寫入大腦迴路，成為對感受的自動回應。這些從情緒與連結——親密關係如何運作以及我們的預期——中所學到的教訓相當強大，會建立出一套指導守則，或是如同約翰·鮑比所指的「內在運作模式」，會儲存在覺知以外的長期記憶中（註4）。這樣模式化的效果既強大又持久。

記憶

長期記憶分為兩種：「外顯的」和「內隱的」，這兩種區分方式非常重要。儲存在外顯記憶中的資訊，需要有意識地思考才會想起來。例如當我們試著回想幾點要去與朋友共進晚餐，或是某年生日在哪裡慶祝時，這時候所運用的就是外顯的記憶。相反地，儲存在內隱記憶中的資訊，不需要有意識地思考就會被喚起。內隱記憶能讓我們有執行類似騎腳踏車、扣襯衫鈕扣或是不需要特別動腦就可以在鍵盤上打字等活動的能力。

我們早期所習得關於情緒與親密關係的經驗都會被轉化成心智模型——基模、範本或地圖——這些都儲存在內隱記憶中，也是我們嬰孩時期唯一的記憶模式。這些包含我們對自己及他人的行為、我們的自我價值、我們是否值得被愛以及我們是否可以依靠別人支持我們的信念與期待（見補充）。這些內在運作模式將進入並繼續維持至我們整個成年階段，形塑我們對伴侶與自己的認知，並且在我們尚未察覺之前引導我們的反應。簡言之，這些都會在我們無意識之中發展我們在親密關係中的運作模式設定，而且當我們有強烈情緒起伏會更加顯著。

內在運作模式

- 內隱記憶儲存親密關係運作之基模與範例
- 立基於我們早期與照顧者的依附經驗
- 包含一系列關於我們是誰以及其他人如何的信念
- 告訴我們與伴侶產生連結時該期待什麼、該做什麼
- 無意識形塑我們的認知並導引我們的行為

不巧的是，大腦儲存我們這些記憶的位置，包含了評估我們是否危險的部分——杏仁核。我們常稱杏仁核為「威脅感測器」，它會根據過去的經驗評估我們的安全程度（註5）。它首先檢視我們目前的狀態，接下來會搜尋是否有相關經歷儲存在我們的神經檔案及內隱記憶中，以便了解解密前是否需要提高警覺。如果它搜尋到相關經驗，即便是很久以前發生的，仍然會促使我們按照過去經驗做出回應。這些動作都在背後、在我們有意識覺察的範圍之外默默發生。

雖然這樣的運作過程有其演化上的價值——小心謹慎總是比事後遺憾好，即使我們有時可能會出錯，不是嗎？——但也可能會成為問題。內隱記憶被開啟後，並不會標記時間。我們不知道激發自己神經系統的是過去遙遠的事件，可能和眼前我們所面對的事一點關聯也沒有。反之，我們認定當下的感受皆是由於當下此地所發生的事件，因而順著內建的模式做出反應。我們持續做出面臨危險的反應，然而事實上，大部分時候，我們並未陷於危險之中。

發生在諾拉身上的情況完全就是如此。她害怕若自己表達出感謝，她會被拒絕，但事實並非如此。

諾拉的迴路

雖然諾拉的童年記憶讓我們很清楚了解，為何她如此害怕向丈夫表達她的情緒以及脆弱的一面，但她的恐懼可能根源於在她有記憶以前的事件。

為了將過程的輪廓描繪得更清楚，讓我們來想像一下嬰兒時期的諾拉是怎麼生活的。我們已知諾拉母親的狀況，所以大致可以推論，母親獨自照顧幼小嬰兒，壓力大到瀕臨極限。此外，諾拉的母親也將自己的依附歷史帶入她與諾拉之間的關係——內隱記憶庫中，她還是嬰孩時，母親如何對待她，而這也影響她怎麼對待她的女兒諾拉。當小諾拉像一般嬰兒一樣哭鬧，她的母親總覺得招架不住，甚至覺得自己無法勝任母親的角色，因而總是以不悅的方式回應，或甚至乾脆遠離現場。她可能對諾拉感到挫折或憤怒。也許母親對於自己的無能為力感到羞赧，因此責怪諾拉。

從小諾拉的角度來看，母親的反應象徵著自己可能被遺棄（因而可能導致死亡），所以她無比畏懼。為此，諾拉腦內的威脅系統瞬間升高，因而啟動她該部位的感受與行為（例如悲傷、哭泣、向外尋求），而這些經驗因此連結在一起。她的大腦將某些情緒與母親驚恐的反應連結在一起，形成神經網路，最終被寫入她腦內的迴路程式之中。

諾拉用非語言的方式，學到了表達某些感受會讓自己的處境相當危險。**如果我很脆弱，媽咪會變得焦慮；如果我不開心，媽咪會生氣。**

諾拉怎麼處理這個棘手的情況呢？諾拉察覺到這些負面的反應，並且憑藉與生俱來盡可能求生存的能力隨時修正自己的行為，以便維繫與母親之間的連結、維持她的陪伴、減少紛爭並避免被責罵。她盡全力保持與母親的連結以確保自身的安全。簡言之，為了求生存，她不准許自己產生某些感受。

從諾拉幼時的依附經驗來看，就能理解她現在面臨的困難。因為諾拉幼時體驗到擁有並表達出感受的後果是可怕，這樣的內隱記憶激發了她的恐懼。雖然諾拉現在碰到的情況並不同，她的大腦仍然預期著會出現如同小時候所經歷過的回應。她的大腦已經被設定成，只要她開始感覺到某些感受，神經系統就會以面臨危險狀態的方式回應。因此，即便是對於確定的事物，諾拉仍然時常感到焦慮與害怕。這就是為何她無法對丈夫說出「謝謝你」。因為對他展現出脆弱的一面實在是太令人恐懼了。

這也是所有害怕對別人表達自己感受與需要的人們所面對的問題。**我們害怕大方表達情緒或是與人情緒有所連結，皆是源自於過去的恐懼，並非現在。**即便體驗到的恐懼非常當下，我們的反應其實是受到早期設定的影響。我們的反應好像是為了某事而感到害怕，但大多時候，什麼事也沒有。

你的早期經驗

諾拉能清楚意識到她當下經歷的恐懼，但她並不知道她的神經系統其實是被過去的事件所刺激，而這種現象也常發生在我們身上。我們常常不知道自己今天的反應其實是很久以前就被設定好了。為了幫助我們區分過去經驗對神經系統的影響及當下的經驗，可以來檢視一下自己早期的依附經驗。

雖然那些形塑你大腦內建迴路的最早經驗可能發生於你有記憶之前，但通常來說，父母親對你的反應，以及處理你早期感受的方式，會不斷重複出現在你的童年時期。而你比較有機會回溯這之後的記憶。因此，讓我們一起來花點時間探索一下你早期的情緒環境，以及你漸漸長大時父母親如何回應你的感受。這就是諾拉和我最初開始一起進行的工作之一。

花些時間思考這些問題（分別回答父親及母親）：

- 你的父親或母親對你的感受做何反應？

- 他們對你的感受是開放的、留心的、敏感的嗎？
- 當你表達出你的感受或是表達出某些特定感受（例如憤怒、悲傷、恐懼、喜悅等），他們會感到不安或焦慮嗎？
- 他們會分心或忽略某些感受嗎？
- 你的某些感受被允許而其他不被允許嗎？如果有這樣的情況，哪些感受是可被接受的，而哪些不是呢？
- 當你表達感受，他們會感到煩躁、挫折，偶而甚至憤怒嗎？
- 他們會用任何方式羞辱或訓斥你的感受嗎？
- 他們會把你的感受當作是自己的責任嗎？你曾經感覺到好像反而是你要照顧他們嗎？
- 當你感到害怕或是脆弱無助，他們反應為何？他們會安慰你嗎？他們會保護你嗎？
- 當你憤怒或為自己辯護，他們反應為何？
- 當你對他們撒嬌或表達愛意，他們如何反應？
- 當他們讓你傷心，他們有對你道歉並作出改善，還是以無效的方式回應？
- 他們每次的回應是否一致？還是反覆不定？

- 當你需要他們，他們對你情緒方面的支持是否能讓你依賴？
- 你以前感覺到被愛嗎？感覺到被看見？被重視嗎？
- 大致來說，你對於和他們分享感受覺得安心嗎？

我早期的迴路設定

當你瀏覽以上這些問題，花點時間思考那些來自父母親行為所透露的訊息意義（不論是明顯或是不明顯的），是否有任何訊息是你曾經不知不覺放在心上的嗎？或是有些訊息至今已強化成信仰了？你發現到你目前的行為和家人過去的作為有任何相似之處嗎？讓我在此先分享我自身的經驗，我如何在這些問題中發現與我生命相關的訊息。

我在八歲左右，曾和父親陷入一場激烈的言語爭執。我不記得到底發生什麼事，但我記得他對我大吼大叫。不用說，我父親不擅長處理自己的憤怒。事實上，他偶而會憤怒到出拳。當發生這情況，我總是受到無比的驚嚇。

總之，我不太記得在這個事件中我究竟做了什麼，才讓他如此抓狂，但我的確覺得他這樣對我並不公平。我感覺到體內湧出一股力量，當他背對我走開，我脫口而出「我恨你！」這句話常出現在任何一個對父母生氣的孩子身上。但接下來發生的事才是最糟糕的。我父親一言不發，不只是當下而已，而是持續好幾天，他都對我很冷淡，忽略任何我試圖引起他注意或是與他重新連結的機會。他表現得像我不存在似的。我覺得寂寞、悲傷、罪惡，及畏懼。各位應該想像得到，對一個八歲孩子來說，這經驗多麼難受。而這不是我唯一一次被冷漠以對。

我父親顯然不是引導我如何有建設性地處理憤怒的好模範。他應該要問我為什麼不開心，協助我處理我的感受。或至少，他可以對他自己的失控道歉，把事情講清楚，讓我們把不愉快一筆勾消。但是相反地，他回應的方式總是令人感到焦躁不安、有罪惡與痛苦，也讓我和我的神經系統留下無可磨滅的印象。此外，從他的行為表達出的訊息十分明確：憤怒對於關係是有害且危險的；憤怒帶來不屑、不認同甚至遺棄。這些都被寫入我腦中的迴路。所以也難怪我長大後對憤怒感到焦慮，總是擔心我可能會讓誰不開心，或是如果我感到憤怒時，要為自己站出來，義正嚴詞地與對方溝通，但對方是對我非常重要的人時，事情會如何發展？這些恐懼跟隨著我，至我成年時的各種關係，只要和我的伴侶、朋友或是有權力的人士相處時，顯現出任何可能產生衝突的蛛絲馬跡，我內在的恐懼就會被點燃，我害怕自己也許會被拒絕，也許我們之間的關係將岌岌可危。

每當我感到憤怒，舊有的危機感就會在我腦中揮之不去，而我會開始懷疑自己，並且用理智的方式說服我自己拋開煩惱的事情，而這麼做將會避免因擁抱我的憤怒、為我自己發聲而產生的不舒服。但也由於我一直無法察覺或是相信我真正的感受，我陷入了不斷重蹈覆徹的無限循環中。

檢視

其實我父親並非不愛我。現在我知道他非常愛我。

但是他實在是非常不擅長管理自己的情緒，這也是來自於他原生家庭帶給他的一些負面經驗。顯然我跟他互動時，觸動了他深層的內隱記憶，並且完全掌控了他，導致他退縮並封閉自我。這是一個他無法控制、也很難掙脫的立即反應。在他不知道到底是什麼影響他的前提下，他其實已經是做了他當時能做到最好的處理。幸好在那之後他成長也改變了不少。

幸好我也是！

各位的父母可能也有相同情況——他們盡全力了，他們也有自己過去的依附經驗，他們的大腦也是因著這些經驗而被寫入許多設定。重點是你必須注意，從你的早期經驗來評估並非是要找出怪罪的源頭。我們不是要找出誰，然後把矛頭指向他。我們要探究的是，早期經驗怎麼影響我們，藉此更清楚了解現在的反應與行為模式。若能這麼做，我們就更容易辨識並區分出什麼是慣性，並開始為新的未來挪出空間。

通常當人們開始檢視評估過去的教養帶給他們的影響時，他們會感到悲傷、憤怒、挫折，或是痛苦。所以如果你也有如此感受，是非常正常的。擁抱你所有的感受而非責怪你的照顧者。重點是要意識到你的早期經驗，以及那些事情如何影響你，並珍惜這些真實感受。這也是你解除受到舊習影響、制約之過程的一部分。給那些感受空間，讓那些感受得以被體驗、被好好消化。這是通往決心與自由之路非常重要的一步。

新的契機

當我與諾拉一起透過這些分析的療程，慢慢理解並掌控她的恐懼，她開始能追溯到這一切的源頭。她看見小時候的她獨自在自己房間內，一邊想念父親、苦思為何他要離開，一邊想著母親是否能像她期待的一樣永遠支持她。她越來越清楚，她對丈夫的恐懼來自這樣久遠的源頭。她還小的時候，曾展現出脆弱的一面、允許自己依賴別人、承認有親密感的需要，但這些對她來說都很不安，所以她必須拋開這些渴望。她現在終於理解為何對丈夫敞開心房、拉近關係、對丈夫表示感激，會讓她如此恐懼。她認為讓丈夫知道她需要他、重視他並依賴他，會對自己造成風險。至少，這是她的神經系統傳達出的訊息。

當她內心的恐懼總算有了答案，並從早期經驗中重新找回連結，她開始感覺到內心某處漸漸開啟。此時與我共處同一個房間的她，似乎可以感覺到自己確實的存在，而且是成人的自己，不再是那個小女孩的她，是更接近她核心的自我。她說：「那不是我，我想要能夠好好表達自己。我想要與人更親近。」

那天，在我們會面之後，她與丈夫共進晚餐時，想起了我們一起努力探索的成果。她想要試著成為她認為自己的樣子，她想要冒險一下，表達她的感激，讓她的丈夫了解她的感受。當她試著順著當下的感覺，古老的恐懼又開始翻攪，但這次諾拉知道那是從何而來。她望向她的丈夫，心跳稍微加快了一些，深吸一口氣並說出：「嗯，我之前就想說了，我想謝謝你，感謝你陪我去看醫生，這對我來說非常重要。」

諾拉的丈夫微笑，伸出手放在她的手上，並說：「不客氣。」

雖然我和諾拉還需要更多努力，才能讓她更輕易的意識到並破除那些長久以來控制她人生的恐懼，但她已經算是朝向她的目標邁出很重要的一步，希望她將來能夠辨識、表達自己真實的感受，並與丈夫建立更真誠、更有效的連結。她正邁向她渴望已久的伴侶關係。

你也已經展開你的旅程了。透過思考你早期的教養環境，你也開始意識到並理解你自己的經驗。

接下來我們將進入第二章，仔細查看你內在究竟發生了什麼，讓你能開始脫離陳年恐懼的糾纏、重獲自由，擁抱更多嶄新的可能性。

本章筆記

- 對於親密、安全的關係需求，是我們與生俱來的本性。
- 大腦會根據我們與照顧者之間的情感交流與互動模式發展塑形。
- 嬰幼兒能敏銳地察覺情緒語言，並根據與照顧者之間的連結狀況是否安全來調整自己。
- 當照顧者對我們的情緒做出負面反應，將會使我們產生危險感並儲存在記憶中。
- 我們在嬰幼兒時期就會調整自己的各種情緒，也許是壓抑那些會威脅我們與照顧者之間關係的感受，或是增強那些能讓他們有興趣陪伴我們的感受。

- 幼年時期在照顧者身上所習得的情感連結經驗，都儲存在意識之外的內隱記憶中，成為大腦內運作人際關係的模式。
- 大腦一直都能接受改變與成長，充滿可塑性，且能在一生中各個階段改變。
- 我們辨識、有效表達出自己深層感受的新經驗，有助改變大腦原本的運作迴路。

Chapter 2

我們一定屬於某種依附類型

「不是面對了事情就可以改變，但如果不面對，事情將不會改變。」

——美國小說家詹姆士・鮑德溫（James Baldwin）

卡拉盯著她桌上的時鐘看。她一整天都沒有她的伴侶艾蜜莉的消息。**好奇怪啊，她**心想。艾蜜莉一早就有點反常，卡拉猜想她大概是沒睡好。但是時間一分一秒過去，卡拉開始擔心。**艾蜜莉在生我的氣嗎？**她一邊思索，體內的焦慮開始升高。**我做了什麼惹她生氣嗎？**卡拉回想過去幾天發生的事，思考是否有任何可疑的線索。什麼都沒有。**妳想太多了，**她想，並試著重新專注在工作上。但是她腦中的雜音卻無法停止。**難道她已經厭倦我了？**她一邊想，體內的焦慮一邊不斷攀升，甚至占據了整個下午。然而，當天晚餐時，當艾蜜莉對卡拉分享她一天奔波的大小事件，卡拉完全沒有說出她的感受。反而憂鬱地盯著她的食物，默默希望艾蜜莉會發現她有多麼不開心，然後有所行動，改善情況。

克雷格坐在沙發上，打開他的筆電，把腳翹在椅子上。這一天很漫長，整天工作後接著和朋友們與未婚妻莉蒂亞聚餐，為莉蒂亞慶生。他很開心總算到家，可以躺著休息了。當他才剛坐定，正要查看電子郵件，莉蒂亞在他旁邊坐下，雙手環繞著他的肩膀，非常溫柔地說，「嘿，你在做什麼？我想要和你一起。」克雷格內心瞬間緊張了一陣，不可置信地問：「什麼意思？我們不是一直都在一起嗎？」莉蒂亞解釋：「是啊，但之前你的朋友也在啊，我想要一些單獨相處的時間。只有我們。」克雷格感覺他的肩膀變得僵硬。**她為什麼總是要這樣？總是索求無度。不論我做什麼都無法改變。**他在內心大喊。「我不能有幾分鐘自己的時間嗎？」他邊說邊翻白眼，然後關上電腦，生氣地走進另一間房間。

雪莉顫抖著坐在她的床上啜泣。她和瑞克約會了幾個月，一開始進行得太順利，以至於她開始想，也許過去那些長期的寂寞與渴望總算要結束了。**也許我並不是這麼沒用**，她想。但是當瑞克開始說起他們未來可以一起做的事情，一陣熟悉的苦悶在她內心油然而生。雪莉試著隱藏並對和瑞克在一起表現出開心的樣子。但是當瑞克更加靠近，她就更充滿恐懼。「他就要看到他不喜歡的事物了，我又要被甩了。我就知道！」雪莉再也無法按耐住內心的風暴，她一口氣釋放了各種情緒，控訴他曾經欺騙她，甚至要他再也不要打電話給她。但此刻她充滿悔恨。**我到底在想什麼？沒有他我要怎麼生活？**接著她發誓要想辦法把他追回來。

雖然這三位在行為上看起來都不一樣，但他們內在卻有個共同點——都很害怕在親密關係中表達出當下的情緒。

- 卡拉害怕相信艾蜜莉的愛。不論艾蜜莉怎麼向卡拉保證，她都很擔心在某個時刻總會有壞事發生。她的恐懼完全掌控了她，以至於讓她不能直接並健康地處理自己的感受。卡拉非但沒有鼓起勇氣表達她的失望及挫折，讓艾蜜莉有機會能夠解釋，也順便表達她的需要，反而以疏遠及關閉自我來表達她的感受，並期待這樣可以得到艾蜜莉的注意讓她靠近，讓她的恐懼遠離、減輕她的痛苦，即便這只是暫時的。但當艾蜜莉真的靠近並陪伴在她身旁，卡拉卻又無法面對。
- 克雷格的厭惡底下，其實是害怕對莉蒂亞敞開心胸並讓彼此更親近。他害怕展現出脆弱的一面，害怕表現出想與人連結及親近的需要，更害怕關愛得太深。克雷格沒有誠實承認他的恐懼，並與莉蒂亞一起努力克服，反而在莉蒂亞展露關愛時壓抑這些恐懼，並瞬間發怒。他陷入了死胡同，不能保持開放的態度接受愛，也不能和善回應莉蒂亞並表達出他對她的愛。他無法與人建立更進一步的連結。

- 雪莉渴望親密但同時也恐懼親密。她被自己複雜的感受淹沒了，以至於她也不明白到底哪些感受是真的，哪些只是腦中揮之不去的恐懼。她無法與自己的感受共處，所以找不到自己的中心，了解事情真正的狀況，並且試著在關係中用較均衡的方式表現自我。她沒有和瑞克全盤托出她內心的掙扎，並試著用比較有建設性的方式處理，而是陷入矛盾中，並把瑞克也捲了進來，和她一同沒入波濤中。當他靠近，她抨擊並拒絕了他。

這三個痛苦的情境其實原本都可能有不同的發展，或甚至可以避免。如果卡拉、克雷格和雪莉都能意識、察覺到，他們其實被過去關係所養成的機制影響了，也就是說，他們的恐懼都是源於久遠以前的事件，那可能：

- 卡拉可能會意識到她因艾蜜莉沒有聯絡她而燃起的焦慮，其實有部分是來自於過去的經驗。她可能可以區分什麼是她當下經歷的真實，而什麼只是過去痛苦的陰影，並提醒自己，不論艾蜜莉發生什麼事，她們都可以一起面對，一切都不會有事。

- 克雷格可能會意識到他的防衛心源於對於親密連結的需求，但這從他兒時就未曾被滿足。如果他可以稍微從不安中抽離，他可能可以把心思放在當下久一些，因而發現他其實什麼都不需要害怕。至少，他可以針對他為何突然變得如此防備而向莉蒂亞道歉，並試著與莉蒂亞和好。
- 雪莉可能可以理解她內心充滿矛盾的感受，那並非真實或精準反應她當下此刻的體驗，她應該試著想辦法平息她的煩躁，並且不要被任意帶往某個方向。這樣一來，她可能就能更清楚觀察自己與瑞克，並知道自己對他的感覺是如何，也能更精準感覺他對自己的感覺如何。

可惜卡拉、克雷格和雪莉都沒有自我察覺的意識，而被舊有的經驗給牽著走。當他們感覺到些許威脅，舊有關係所養成的自動反應就被啟動，使他們受到類似的想法、感受與行為煽動。這是可預期的。從外人的角度來看，我們可以猜想到，他們與照顧者之間的關係可能都曾讓他們感到不安與害怕，因而習慣以某些方式回應。我們如何看得出來呢？他們的行為其實都是非常典型的模式，也就是與他們的早期照顧者相處經驗中發展出來的習慣——盡可能在關係中保護自己。這被稱為「依附類型」。

依附類型

嬰幼兒有著不可思議的適應力，會觀察照顧者的心情、情緒表現以及行為，然後思考要如何從他們身上得到最多的照顧。**我需要怎麼哭泣？我該做什麼表情還是不要做？當我生氣、悲傷或害怕，我該怎麼做？我如果這樣做會有什麼結果？他們會怎麼反應？我該表達什麼感受，還是完全不要表達出來？他們能接受我的哪些面向？哪些我可以自由的表達，而哪些我最好保留？**根據我們接收到的回應，我們開始理解自己、別人，以及可以期待的事物。我們根據與照顧者相處的經驗調整自己的行為。經過無數次的重複後，我們會開始建立行為模式及大腦內支持這個模式的相對應神經路徑，並不斷隨時間強化。

總之，大腦內處理親密關係的模式，通常是由與一位或兩位人士——我們的父母——的早期互動經驗發展而來。雖然在我們身邊的角色成員，會隨著我們人生發展不斷改變，我們自己甚至也會創造出新生命，但是管理我們知覺與情緒經驗、持續影響我們成年後親密關係的神經模組會持續存在我們大腦中。對於那些有擅長情緒管理的父母親的人來說，這是好消息，但對大多數沒有這樣父母的我們，則非好消息。

我們從自己、他人身上學到關於人際關係的課題，都呼應著依附類型，而研究顯示出有四種類型。大部分人發展出**安全型**、**逃避型**或**焦慮矛盾型**的依附類型，還有一些人發展出**紊亂型**的依附類型。現在就讓我們來檢視這些類型吧。

安全型依附類型

如果我們父母親的情緒管理非常成熟，也就是說他們能夠敏銳地視情況調整並持續回應我們的情緒需要，或是他們能讓我們覺得安全、安穩、被愛，我們就有可能發展出安全型的依附類型。我們會學到向外與人連結是有益的，而且可以信任並依賴我們愛的人，在我們需要他們的時候，他們可以支持我們。我們學到不需要害怕自己的感受，而且那些感受是站在我們這邊的盟友，是來幫助我們的。我們長大成人時，能習慣並熟練地與我們愛的對象建立親密關係並感到連結。我們的自我形象是健康的，我們感到值得被愛，而且視伴侶為正面的能量。我們能感受到自己的情緒，並能在感到脆弱與悲傷時，向伴侶表示需要安慰與肯定。當我們犯錯，我們可以承認自己的失誤、擔起責任，並著手彌補錯誤。總之，我們的情緒可以非常靈活地適應各種狀況，輕鬆地在與伴侶親密連結及自在獨處間流動。這是美國一半以上成年人的情況，剩下的，則屬於其他類型。

逃避型依附類型

當我們的照顧者無法隨情況應變、充滿距離感，或是唐突、具侵略性的，是消極或時有時無地回應我們的情感需求，就會在我們心中種下不安的種子。我們感到不安、焦慮、悲傷，並且為了要處理並維持一定程度與人的連結，將會發展出以下三種不安的依附型態：逃避型、焦慮矛盾型，或紊亂型。

逃避型依附類型的人占（美國）約百分之二十五的人口，這些人的父母親通常不太表達情緒，對子女的情緒需要反應並不敏銳，甚至會忽略。當我們仍是嬰孩，就已察覺我們的感受及想要與人產生連結的內在需要是非常危險的，因為可能反而會讓人想遠離我們，總之，向外求助往往只會帶來拒絕、批判、失望和痛苦。因此，我們學會關機或是「關閉」天生嚮往親密感的需要。對成人來說，我們發現情緒上的親密相當危險，最好沒有任何人依賴我們。我們強烈的嚮往變得獨立自主，也希望這是別人眼中的我們。

屬於逃避型依附類型的人，對自己至少在外在表現上會感覺非常正面有自信。不過他們對他人帶有戒心，不相信別人可以在他們需要的時候陪伴在身邊，而且常常會在伴侶身上挑毛病。雖然他們表面上看起來好像對自己很有自信，但其實可能只是為了掩蓋內在的不安全感。比起順應天生想與人親近的自然本性，他們總是選擇與人保持些距離。這時你可能已經猜到了，沒錯，那個每次伴侶想與他連結，他就會覺得煩躁的克雷格，就是屬於逃避型依附類型。

焦慮矛盾型依附類型

照顧者無法持續與之感受同步——有時關懷且立即回應，有時則不敏銳、帶著攻擊性的，或甚至無法回應——的人，極有可能發展出這種焦慮矛盾型依附類型。這種類型大約占所有成人人口中的百分之二十。由於他們不確定照顧者對他們的態度，所以必須非常努力地取得照顧者的注意力。他們學到要放大甚至「高度啟動」某些感受，以吸引照顧者的目光，才能維持他們之間的聯繫。他們成年後會十分渴望親密感，而且再長時間的親密也無法平息他們內在的恐懼。他們總是不斷懷疑伴侶是否與他們有相同感受，並擔心是否可以信任或是依賴伴侶對他們的愛。他們與伴侶之間的關係傾向於充滿壓力、消耗自己的心力與感受。他們對於任何可能是拒絕或遺棄的跡象保持高度敏感，所以常常尋求伴侶的肯定與認同（可能會有效一陣子，但擔憂和恐懼終究會占據他們的腦袋，讓他們回歸焦慮與傷心的惡性循環）。他們很容易陷入憂愁，情緒反應總是非常劇烈，而且有可能會說出或做出日後會後悔的話語與作為。他們常懷疑自己的價值，常會過度自我批判，而且不太能與自己獨處。卡拉就是屬於這種焦慮矛盾型依附類型的例子。即便她沒有任何證據或明確的跡象，她仍整天都在擔心她的伴侶是否對她生氣發怒。

紊亂型依附類型

我們之中還有少數約百分之五的人，則是屬於紊亂型依附類型，這些人的照顧者本身大多有些未解的心理創傷，因此情緒陰晴不定（例如有時回應很及時，有時很焦慮或害怕，甚至有時行為會嚇到我們）。在我們還是孩童時，無法確定當自己傷心或陷入無解的兩難——我們需要依附對象的安慰與連結，但同時也害怕他們——此時的照顧者會做出什麼樣的回應。偶而，照顧者會要求我們安慰他們，大過於他們能安慰我們的程度。長期處在這樣左右為難的狀態下，我們只好發展出一種混亂的解決策略，有時壓抑或誇大自己的感受、變成強迫型的照顧者，或是同時出現以上各種策略。我們長大後就變成——也許並不令人意外的——在情緒上與人連結時充滿矛盾又極端感受的人。我們都追求與人連結，但當伴侶向我們靠近，卻又感受不舒服並想抽身，總是害怕會受傷或是被拒絕，抑或是，我們先展開攻擊以便能在伴侶拒絕我們之前先拒絕他們。情感常會掌控我們，我們的情緒可能會非常不穩定，與伴侶的關係常常十分混亂。我們無法好好表達自己的感受，認為自己充滿缺陷、不值得被愛，並總是認定伴侶十分負面，不可信任，或甚至是危險的。雪莉就是非常典型的紊亂型依附類型例子，她一方面渴望與瑞克更親近，另一方面，當他試著要親近她，她又感到極度不安，甚至想推開他。

自省

閱讀過這些不同依附類型的描述後，你認為有屬於你的類型嗎？你認同哪一種類型呢？也許你認為自己傾向焦慮矛盾型依附類型；也有可能你察覺到自己在伴侶關係中比較傾向逃避型依附類型；也有可能各有一些？你甚至也有可能懷疑自己屬於紊亂型。如果你感覺自己屬於安全型依附類型以外的某些類型，你並不孤單。我們之中有將近一半的人，在親密關係中都是屬於較不安的依附類型。

在開始整理自己之前，最重要的是要了解這些類型的分類並非固定不變，或是各自相去甚遠。不同類型之間的界線其實是模糊的，也有重疊的情況。這些分類一開始是因為研究的目的而發展出來。按照這些類型分類、整理個案，將有助我們的研究，並辨識、了解常見的影響因素，例如每個人的早期經驗以及類似的行為模式可以讓我們了解這些依附類型如何影響每個人的人生經驗。然而事實上，每個類型都非常多樣化，畢竟人類非常多樣化，每個人又有各自獨特的經歷與個人特質，這些都會影響我們的生命經驗，以及我們在伴侶關係中如何應對。此外，我們的依附類型也可能被交往對象的依附類型所影響。舉例來說，我們可能對某個伴侶傾向於逃避型依附類型，但對另一位焦慮於依附關係的伴侶，則較為傾向紊亂型依附類型。或者，我們也有可能原本為焦慮矛盾型依附類型，但面對一位安全型依附類型伴侶時，我們的依附焦慮就會減輕。因此，我們可以將各種不同的焦慮型態視為各自代表許多可能性，在這些可能性中，我們不只是找到與自己相似之處，也看到眾多差異。

性格呢？

我的母親會告訴你，她的三個小孩天生性格就完全不相同，一個很隨和，一個稍微沒那麼隨和，另一個則是較獨立自主（我不會告訴你究竟我們誰是誰）。當然我們的確天生就有些特性（性格）很不同。我們的神經系統都有些差異，而且我們也各自內建各種獨特的反應模式。但是研究指出，性格和依附類型並不相關。更精確地說，依附類型是依照經驗發展而成，也就是根據我們各自與父母的關係中所獲得的。換句話說，性格是天生的，然而依附類型是後天習得的。

程度不同

布倫南、克拉克與薛佛的研究加強了這個論點（註7）。他們創造出依附類型的圖像表達。透過這個圖，我們可以理解到依附類型深受我們面對親密時多舒服、多不

依附維度

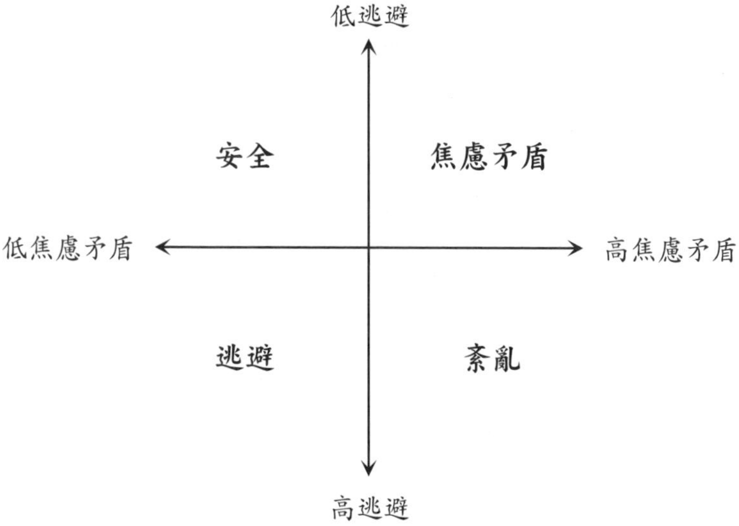

根據布倫南、克拉克與薛佛的兩種依附維度量表

舒服，或想逃避，以及我們在面臨伴侶對我們的愛與親密關係時，有多麼焦慮或憂心。

因此，如果你面對親密狀態時總是感到舒適，也不會過度擔心伴侶關係發展或伴侶是否愛你，你很有可能是屬於安全型依附類型。如果你總是渴望並享受親密，卻十分擔憂和伴侶之間的關係以及伴侶是否愛你，那你可能是屬於焦慮矛盾型。如果親密與依賴讓你感到非常不安，你也不擔心或不曾思考你的伴侶對於這段關係願意付出多少承諾，那你可能是逃避型。如果你對於親密非常不安，而且也非常擔憂伴侶是否積極回應或愛你，那你很可能是紊亂型。不過在各種依附類型範圍內，對於親密是否感覺舒適，以及擔憂伴侶對自己的愛有多少等情況，還是有很多各式各樣的可能性。

如果你還在思索你屬於哪一種依附類型，並想更深入了解細節，伊利諾大學內一位頂尖的依附類型研究學者，R・克里斯・弗萊利博士提供有免費線上成人依附類型調查，你可以在這個網頁做測試：http://www. web-research-design.net/cgi-bin/crq/crq.pl.

這對我們有什麼幫助？

雖然我們每個人都是獨特的個體，但了解自己是哪一種依附類型非常有幫助。當你用依附理論的濾鏡來觀察自己，你會開始更客觀地看自己。如果你開始意識到自己的某些行為模式常見於某種依附類型，你會更加理解你的直覺反應，來自於那些過度影響你當下經驗的久遠過去。如果沒有自覺，你就像在黑暗中行走。

要記住，你的依附類型思維建立於意識之外，由無意識的大腦內部工作模式所掌控。心理學家路易斯・克佐林諾解釋：「我們的依附類型基模屬於意識以外的內隱記憶。（註8）」換句話說，你沒有經過思考就做了。你並沒有發現你其實執行的是許久未因應新資訊而更新的老舊程式。即便根本沒有任何理由感到害怕，你仍然不斷依照恐懼的感受回應。你思考，覺得**我就是這樣**，並持續一直以來的所做所為。

但是，當你能認知到你其實只是用慣性、未經深思熟慮的方式來做出反應，那你就開啟了改變的機會。

你能開始看見哪些必須經過重新設定，並選擇開始用不同的方式行事。

辨識出你現在人生相關的依附類型，能讓你更了解幼時與照顧者之間的早期經驗。而了解到這些模式為何、何時、如何源自於你的過去，能幫你釐清現在的行為。因此，你可以從現在的經驗追溯非常年幼的過去，相反地，也可以將你從過去到現在的種種事件串連起來。

若要更具體說明，可以回到克雷格、卡拉與雪莉的故事，也就是在本章開頭時提到的那些人。

為何卡拉在她的關係中，沒收到艾蜜莉的訊息就如此焦慮呢？以及，她在擔心一整天後總算見到艾蜜莉時，為何不乾脆跟她談談呢？為何她不讓艾蜜莉知道，沒收到她的訊息會讓自己感到焦慮、擔憂，甚至傷心呢？反之，為何她心事重重地盯著晚餐盤子？這些問題的答案都可以從卡拉早期與家人互動的方式、經驗中一窺究竟。

當我第一次問卡拉關於她的童年，她用大略的筆觸畫出她的父母，印象中，他們總是非常溫暖，充滿愛與支持。但是，當我們更仔細地看，一幅截然不同的畫面慢慢浮現，那是充滿著不確定與不安的印記。

卡拉總算發現她雙親的個性非常焦慮且反覆，有時候過度關注她，有時候則只全心專注在他們的工作上。他們有時候參與她的生活，有時候則完全缺席。在雙親眾多次缺席中，卡拉對某次印象特別深刻，因為當時她其實非常需要他們。那是卡拉第一天上學的日子，對任何一個孩子來說，這一天充滿許多情緒糾葛與壓力，但卡拉的父母卻因為忙於工作，無法親自帶她上學，而是請鄰居幫忙載她去學校。在卡拉的描述中，她努力克制內心的焦慮，但走入教室時，仍然是感到害怕與寂寞，因為她不知道接下來會發生什麼。她默默走到自己的座位坐下，盯著地上，並焦慮地等待接下來要面臨的考驗。

像卡拉這樣的孩子會怎麼理解像她父母這樣飄忽不定的存在呢？當她需要他們，他們卻不在，她要如何解釋這種情形？尤其是無法確定會獲得父母持續的關愛與注目時。**是因為我不重要嗎？我哪裡做錯了嗎？我對他們來說是個麻煩嗎？**以及，對在這樣情況下成長的孩子來說，未來對她生命中重要的人該有什麼樣的期待呢？**她可以信任他們嗎？他們的愛能信賴嗎？**她要怎麼面對這樣的情境？她要如何從這些片段拼湊出安全感呢？

當卡拉自然地為自己發聲或是表達出她的恐懼，並不是每次都會被認真看待。相反地，她的父母常常質疑或是壓制她的感受，他們用各種方式告訴卡拉她的感受不應該是這樣。然而，唯一能引起父母注意的時候，就是卡拉發脾氣臭臉的時候。她的父母帶著掛念與悲傷向她靠近，有時甚至伴隨著挫折感，這並不會有效回應她的感受，但至少父母親表現出正在關注她。

將過去這些事件與現在串連起來，不難發現，難怪卡拉無法在與艾蜜莉的關係中體會到安全與依靠，她總是維持高度警戒，深怕看到任何一點跡象，顯示事情往負面發展，艾蜜莉可能會瞬間消失或是對她失去興趣。卡拉與父母親的早期經驗並未提供她關係中的安全感。相反地，那些經驗在她大腦內營造出一個無法信任另一方的關係模式。因此她總是質疑自己的判斷，找不到自己的中心，就像她小時候受到質疑且無法被好好理解一樣。所以她無法直接與艾蜜莉溝通，只能自己默默生悶氣，靠著負面的行為激起旁人的注意，就是她學會應付的方式。

那克雷格呢？為何他如此害怕靠近莉蒂亞，害怕展現他脆弱、需要與人連結、依賴她的一面呢？為何他質疑她的意圖並推開她呢？當我開始進行克雷格的諮商工作，我發現他的早期人生經驗充斥著父母親吵鬧著要離婚，他深愛的母親為了支撐整個家庭而累垮崩潰，而他的父親總是非常有距離感，感覺非常遙遠。他的父母很容易吵起來。克雷格為了避免讓父母親不快，以免已經破碎的家庭更加破碎，他從小就學會把自己對於親密與照顧的需要放在一邊。他學著變堅強，壓抑自己的感受，以避免再次受傷而帶來危險與痛苦。

讓我們快轉到克雷格現在的生活，他至今仍對期待親密感有所不安。他仍然緊閉心房，以避免展現出脆弱的一面或是需要莉蒂亞時，神經系統必定會伴隨而來的痛苦。他的內心察覺到，在關係的運作模式中，自己的情感需求必須被免除，因為那只會帶來失望與絕望。

那我們又該如何理解雪莉的競爭心情呢？尤其是她渴望親密與關愛但同時又恐懼的心情。某種程度上，她的內心是個受到驚嚇的小女孩，無可救藥的渴求雙親帶來的安全天堂，但是她的母親有時會口頭或肢體虐待她，像龍捲風一樣無預期的攻擊她、為了毫無邏輯的事指責她，至於她的父親，則是充滿距離感、冷淡，讓她覺得總是被拒絕。他們的作為基本上就像那些只付出一點點好意與關懷的人。從這經驗中，雪莉學到要對他人有什麼期待？對親密感的期待又是如何？這些期待是安全的，還是危險的呢？以及該如何處理內在的情緒風暴？她被困住了，沒有地方可去也沒有地方能躲。她對於關係的內在運作模式帶給她混亂的訊息，所以雖然她一心渴望建立與他人之間的親密感，但越是與人親近就越讓她痛苦。

把過去的種種與現在串連起來，就越來越能理解卡拉、克雷格與雪莉現在的行為。他們都盡了最大的努力在面對年幼的困境。他們三位都各自發展出在當下時空的求生之道，並從經歷中學到了很多。當他們長大後，他們希望到了某天，生活會變得不一樣，他們的關係能讓他們感到安全、做自己，並滿足他們所有的需要。他們期待未來遇到對的人就圓滿了。但他們不知道他們仍然用幼時建立起的關係運作模式處理現在的關係，所以只要這個內部軟體沒有更新，歷史就會不斷重演。

我希望你已經開始意識到，我們的依附類型在我們非常年幼時就開始建立，而且是為了適應當時的情況而發展出來。所以我們觀看、體驗人生的方式是非常原始、嬰孩式的。我們盡可能面對任何挑戰，以維持與照顧者的連結，並在一個可能無法接受我們情緒體驗與表達的環境中試圖感到安穩。我們只能盡最大的努力來滿足自己的需求。

練習將點連成線

讓我們一起來花一點時間，把你現在的依附類型及過去與早期照顧者的經驗連接起來。再花幾分鐘複習前面提到過各種依附類型的描述。在複習的時候，記錄下你覺得熟悉的行為模式或關係中的動態，就可以約略了解對於關係中的親密、連結與衝突你通常會如何反應。有了約略的概念後，回憶一下小時候你的父母親是怎麼回應你的情緒需求？

你發現自己是什麼樣的人呢？你對他人的期待又是如何？童年時你為了適應環境做了什麼？接著，來檢視你現在的生活。你小時候適應環境所做的應變怎麼延續成目前的行為？你能看得出早期經驗與你現在行為的關係嗎？是什麼樣的關係呢？你和人的連結為何？你怎麼看童年的自己？尤其是當你知道當時身邊充滿了困難與挑戰。若你現在更清楚小時候的經驗對你的影響，你對現在的自己感覺又是如何？當你思索，你會發現，你將給願意執行這個過程的自己一些關愛與感謝。

一切都是感受，感受也存在於關係中

依附類型代表著可見行為模式的種類，也就是我們一般對關係中連結與中斷的回應方式。但是我們可見的行為只是冰山一角。雖然這可以幫助我們更意識到自己在重複慣性行為模式，但這還不夠。如果我們想要做出長遠的改變（而這就是我們讀這本書的原因，不是嗎？）就必須往事情的內在探索，找出啟動這些行為模式的究竟是什麼。我們必須檢視是什麼樣的情緒動能驅動我們的反應。在處理關係的策略上，也就是我們的依附類型，常是受到我們內在被攪動的感受，以及對這些感受的恐懼所驅使。

心理學家、加速體驗動力學心理治療的研發者黛安娜．佛莎，曾於她的著作《**影響的改造力量**》（*The Transforming Power of Affect*）中解釋道，依附類型就是我們處理關係中產生情緒時的基本策略（註9）。

請記住，我們是藉由情緒體驗來與他人建立關係，而我們早期與照顧者的關係會影響我們如何體驗（或是不體驗）我們的感受。因此我們如何與他人建立關係，和我們如何習得回應我們的感受有關，不論那些感受為何。每一種依附類型都有各自一套處理關係中情緒的行為模式，尤其是被激起的感受很強烈的時候。讓我們再來看一次各種依附類型，但是這次是根據我們在關係中的情緒經驗著手。

安全型依附類型或「感受並處理」

屬於安全型依附類型的人，通常父母的情緒能力比較成熟，對我們非常開放、敏銳，會傾聽我們，並且總能持續地以均衡且正面的方式回應我們的情感需求。因此我們也能夠發展出成熟的情緒能力，學會如何小心留意、管理、善用我們的感受。

這種早期生活經驗如何能解釋我們的成人關係呢？我們將能調整自己以及父母的情緒，並用健康的方式表達自我，還能在情況棘手、複雜時一起努力找尋出路。簡言之，即便某些感受是困難的，我們仍能夠「感受並處理」。我們能夠體驗並表達出自己的情緒，同時也能與伴侶一起感受當下、察覺彼此的情緒。

逃避型依附類型或「處理但不感受」

屬於逃避型依附類型的人，通常其父母對自己與孩子的感受相當不安。因此，他們逃避自己的感受，不對孩子做出情緒的回應，並且減少孩子對於親密與連結的需要，或是用婉轉的方式，或是直接說出像是「不要當個愛哭鬼！」一類的話。

「你太敏感了！」當我們想表達出難過，或是向外求援，父母親退卻或是乾脆置身事外，會讓我們感到被遺棄、被拒絕，和寂寞。孩童期的我們該怎麼想？該怎麼做？如果想要勇於表達情緒及感到連結的內在需求只能帶給我們失望、痛苦，甚至恥辱，那麼我們必定認為那樣的感受是危險的，且必須盡可能的避免。為了能和我們的照顧者維持一定程度的連結，讓關係不至於崩壞，我們習慣壓抑並隱藏自己的感受與需要。成年之後，我們仍被我們的情緒經驗緊緊束縛著，盡量縮減自己的需要，並與他人維持安全距離。當伴侶入侵我們的舒適圈，當我們感覺到脆弱或是有情緒需求，或是他們有這些感覺，我們就封閉自我並抽身而去。此時我們會轉身投入工作、玩一回合電動，或是逛街發洩。總之，我們「處理但不去感受」。

但我現在要告訴各位一個小祕密，也許你們之中也有人已經知道了。雖然對別人甚至我們來說，我們看起來好像沒有任何感受，或沒有親密感的需求，但這不全然正確。在我們的內心深處，有各種感受及想與人連結的欲望不斷逼近我們的意識，希望我們注意到它們的存在。但我們聽不到它們，也不想聽到。我們的防衛機制樹立起一道牆，厚到蓋住任何讓我們分心的聲響，讓我們完全隔絕在自己的世界中。我們的焦慮與恐懼躲在控制良好的風度底下，只有在把自己強行闖入的牢房開始嘎嘎作響時，各種感受才會開始威脅我們要竄出來。

克雷格，就是善於處理但不感受的「專家」。他在朋友面前表現出一副嘻嘻哈哈、愛開玩笑的樣子，但只剩下他與莉蒂亞獨處的時候，他就會轉向他的筆記型電腦，尋求安全的保護。當莉蒂亞靠近，且帶著可能會更親密、更靠近的意圖，他背上的寒毛就會豎起。他內心的感受開始翻騰，覺得必須做點什麼來撲滅內心的這把火，必須做點什麼來讓內心冷靜、藏好這些感受，以便回到他的舒適圈。因此他瞬間發怒並離去。他只處理但不想去感受（當然他可以感受。只是那是之後的事了）。

焦慮矛盾型依附類型或「感受但不處理」

如果各位屬於焦慮矛盾型依附類型，那過去的照顧者可能不善於情緒管理、持續正面的運用情緒。當我們難過，他們有時候支持我們，但有時因為他們自身的焦慮或負面情緒，使他們無法一直回應、支持我們。事實上，有些時候我們甚至必須反過來成為照顧的角色，幫助他們舒緩感受。這樣的情況下，他們的情感需求變成首要注目的焦點，而我們的成為了次要。

照顧者的情緒如此不穩定，會讓我們累積焦慮，並導致我們對父母的情緒狀態過度敏感。我們只注意外在世界，小心翼翼地關注他們是否出現任何問題，這麼做的同時，也喪失我們接觸自身情緒經驗的機會。我們必須要非常努力，才能與關注自身的父母們建立連結，同時還要過度強調那些會引起他們注意的感受，例如不開心和悲傷。

即便成年，我們仍密切關照父母親的情緒狀態。我們變得較少注意——或甚至不習慣——自己其他感受，而是過於關注在自己的痛苦與失望上。總之，我們變得無法信任、控制、善用自己的情緒。雖然我們似乎有隨時注意自己的感受，但大部分都是為了激起父母在意的焦慮與悲傷。我們無法好好感受任何一種感受，並了解它的根源，以至於常常感到困惑或矛盾。我們非常「情緒化」，但卻無法觸碰並正面處理自己真正的感受。所以我們只感受，但不處理。

這就是各位在第一章看到諾拉發生的故事。她常很快地和丈夫起爭執，並抱怨他不夠關心自己，其中看似充滿許多感受，但她其實非常矛盾，害怕讓丈夫知道她內在多麼脆弱、害怕、沒有價值，或是害怕彰顯她的不快與堅決的立場。所以她總是質疑自我，並隱藏這些感受，眼不見為淨。她「感受」了但沒有認真去處理。

相同地，本章一開始，我們看到了卡拉因沒收到艾蜜莉任何訊息而非常不開心。她在不知不覺中不斷放大自己的不悅，期待艾蜜莉會注意到這個誘餌。然而她無法看出自己的焦慮底下，還有很多不同的感受等待她去辨識，等待她能與艾蜜莉進行正面溝通。她也是只感受但不處理的例子。

以上這些女性的行為，都無法幫助她們滿足自己的需要，而且痛苦阻礙了她們去認清自己的真實感受。

紊亂型依附類型或「不感受，或完全陷入情緒風暴中，但不處理」

至於屬於紊亂型依附類型的人，他們的照顧者通常無法好好管理自身情緒，因此常常處於驚嚇之中。他們常感到又困惑又害怕，沒有人能夠安慰他們的恐懼並保護他們，所以總是充滿著混雜又矛盾的心情。因此他們沒有在成長過程中習得管理情緒或是度過某些情緒的經驗。反之，他們變得有時完全麻木無感，或是完全被情緒吞噬而崩潰。成年後，他們無法調節自己的情緒，因此常常淹沒在情緒中，尤其是當他們的伴侶帶著關愛的意圖靠近。他們無法在感到傷心難過時管理自己的情緒並感受當下，因此乾脆抽離（使自己分離）或是完全陷入情緒風暴中（也就是「暈眩」），所以無法深入問題的根源，找到前進的辦法。總之，他們有時完全無感，有時又陷入情緒風暴之中，但不論是什麼情況，都無法處理。

這就是各位在這章開頭所見，發生在雪莉身上的情況。她渴望親密感與連結，但這也讓她非常不安。當瑞克靠近並認真起來，她就開始待不住。她無法控制體內噴發的感受，所以她開始失控、陷入震驚，無法進一步處理問題。

自省

閱讀完以上各種處理情緒的方式後，你最熟悉哪一種？你在關係中通常如何回應你的感受？花點時間想一下。你偏向把自己或伴侶的情緒降到最低、放到一旁嗎？你對於掌控有強烈的需求嗎？你常常不知道自己的感受嗎？你常感到不開心並很難回到開心的狀態嗎？你注重伴侶的感受多過於自己的嗎？某些感受是允許的，但某些是不被允許的嗎？你常常被感受控制、牽著鼻子走嗎？你正在感受並且處理這些情緒，或你在進行別的行動嗎？

這些都是很困難棘手，但又很重要、必須思考的問題。請給仍然堅持、願意誠實檢視自己的你一點鼓勵。因為你正在為自己的未來建立良好的基礎，以便之後能夠運用接下來要學習到的工具。

我們可以把這些依附類型視為在關係中處理感受的不同方式及各種策略。不論各位的依附類型屬於哪一種，都可能在某些時刻採取其中的各種策略。事實上，我們都有可能感到情緒不安，或有時被情緒淹沒而做出徒然之舉。

當我們不感受也不處理，某些感受不可避免地會從情緒經驗中被扭曲或排除。當發生這樣的情況時，我們健康處理情緒的能力會減半，內在核心的自我則迷失在焦慮中。要記住，感受是來幫助我們的。如果想要擁有健全又滿意的關係，就不能扭曲或遺漏某些情緒經驗。當我們沒意識到自己的作為，或當我們不知道內在發生了什麼，我們就不會有一點機會。

想要建立理想的關係，必須停止以上的情緒運作模式，建立新的模式。當我們找到方法感受當下，並且處理體驗，就能與伴侶有更好的關係。至於該如何做？就是本書接下來要談的重點。

打造新的迴路

雖然依附類型與底層的情緒流動通常仍能隨著時間變化穩定維持——尤其是在長期穩定關係中——**但這並非永遠無法改變**。我們不必永遠陷在過去的設定中，而是可以更新內部運作模式，並改變依附類型。我們可以改變面對自己感受的方式，並建立所謂「獲得了安全」的依附類型。切記，雖然我們已經被設定出回應的方式，但大腦仍然可以改變並成長——這稱為「神經可塑性」的能力。只要專注練習，就能在大腦建立新的迴路，支援新的反應模式。我們能建立良好的情緒處理能力，如同那些安全型依附類型的照顧者賦予子女的，並改變原本的依附類型。我們可以重新豐富情緒經驗，以便讓關係中的自我——我們的核心自我——更加完整、富足。

了解自己的依附類型，以及自己如何對情緒體驗做出反應，能幫助我們更深入覺察這些動態。並能辨識出在哪些時刻，我們是按照被設定的迴路行事，或是我們的情緒處理能力被過去的神經迴路過度影響，也就是當下的經驗實際上是籠罩在過去的牽制下。當你開始觀察自己的情緒流動並發覺自我的變化，就能開始解開過去神經系統處理機制的束縛，並產生不同的行為。如同知名精神醫師及《**喜悅的腦：大腦神經學與冥想的整合運用**》一書作者丹尼爾・席格（Daniel J. Siegel）所言：「當我們說得出來這是什麼，我們就能馴服它。」（註10）

害怕某些情況時，你越想逃避，也越難有機會正面克服恐懼。如果你繼續避免表現出某些感受，你永遠都不會知道分享出來可能帶來的好處。你永遠都不會知道，其實那些情況一點都不需要害怕。因此你會不斷重複著同樣的作為，持續循著舊有的神經傳導，讓自己陷入永無止境的循環。

若要改變，你必須整合一切才能前往不同的方向。你必須找出方法來辨識並馴服多年的恐懼，保持當下的感受，並從眾多情感經歷中找出全新且有建設性的方式，開始打開心房、分享你的感受、需求以及欲望。

隨時間進展，你越是往不同方向前進，越能發展出讓情緒感受當下、坦承內心狀態並與人溝通的能力。你的恐懼會越縮越小，不久後就能更專注在當下，同時與人分享自己的感受而不致感到焦慮或是被淹沒。當執行這些動作，你也正在重新寫入大腦的設定。你將打破那些恐懼與情緒的古老連結，建立新的、更新過的心理運作模式，視分享、體驗感受為有助益的行為。

在下一章，我們將來看大腦內舊有模式開始運作時，究竟發生了什麼事？同時將開始建立你自己的情緒正向技巧。

章節筆記

- 早期與他人建立的內部運作模式將形塑我們對自己、他人的感受，以及對親密關係的期待。
- 我們根據早期與照顧者的相處經驗，發展出各種依附類型，或與他人連結的方式。
- 決定我們依附類型的兩個維度是：對於親密感到舒適的程度，以及對於關係感到焦慮的程度。
- 依附類型可被視為處理關係中情緒的方法。
- 依附類型並非完全無法改變，可經由意識、練習以及新的體驗而改變。我們能培養「獲得了安全」的依附類型。
- 你的依附類型能讓你了解早期經驗中與照顧者的關係與互動，反之亦然。
- 了解你的依附類型，能讓你更了解自己，以及在關係中如何回應自己的感受。
- 處在關係中而無法感受或處理自己的情緒時，你處理這些情況的能力是受到壓抑的。

• 當你能觀察到自己各種細微的情緒流動，就能從恐懼的束縛中獲得解放，並開始做出不同的行動。

第二部

運用四步驟，重新設定情緒的神經迴路

Chapter 3

步驟一：辨識並指稱

「覺知就像太陽。當它照在事物上，事物便會發生改變。」

——一行禪師

蘇菲流著淚，從衣櫃中拿出幾件衣服試穿，又憤怒地換下。不到一小時後她就要面試了，現在卻找不到合適的衣服。「**我真是一團糟**。」她想著。接著帶著諷刺地說：**「這一切真是太好了！」**

蘇菲那天早上醒來時覺得心情不太好，之後越來越糟。是因為有面試才讓她備受壓力嗎？取得這份工作，對她非常重要。這不是她一直想要的嗎？她期待這個面試已久，雖然一直以來，她只要一想到這件事就感到緊張，但到昨晚前她都感到相當興奮。

是有別的原因嗎？

蘇菲的生活表面上，看來各方面都很好。她的事業不斷上升，她也很享受她與朋友之間的關係，最重要的是，她和男友麥克的感情進展順利。事實上，在他的建議下，他們開始討論是否該住在一起。蘇菲聽到麥克自己提到這個話題時相當開心，覺得他似乎也很想讓關係更進一步。這其實是蘇菲一直以來所期待的。但昨晚當她提起在她住處兩個街區外有一間大樓張貼「房屋出租中」的告示時，麥克顯得漠不關心。

「我該打電話去問我們是否能去看看？」蘇菲試探性地問。

「好啊。」麥克漫不經心地回答。

一陣焦慮刺入蘇菲胸口，她開始覺得體內翻攪，並注意到自己的焦慮。**他猶豫了嗎？**她想。**我做了什麼讓他不開心的事嗎？他在生氣嗎？**這幾天她的思緒在腦中奔騰，希望能找到些線索。他們才剛度過一個很開心的週末小旅行，而且麥克一直都對她非常甜蜜又貼心。但當他們回來之後，蘇菲又開始焦慮，擔心會有不好的事發生。**會不會這一切最後不會有結果？他會不會改變心意？**

她原本想告訴他，她感到非常脆弱，並且希望他可以說些什麼或做些什麼來讓她安心。給她一些表示，讓她知道他們之間一切都沒事。但她無法說出任何話，擔心自己可能會讓他生氣，顯得她太過依賴或是太過渴望。相反地，她希望麥克能夠稍微解除陰霾，所以她貌似不經意地問：「嗯，你還好嗎？」

「當然好。我只是有點累，我該準備上床睡覺了。」他邊打呵欠邊說。

「嗯，我也是，我也這麼覺得。」蘇菲勉強堆起笑容說著，看著麥克走上樓到臥室。她安靜地待在沙發上一會兒，感到失望、焦慮、困惑。他已經度過了漫長的一天，她對自己這麼說，試圖擺脫自己的憂愁。**而且他今晚還是在這裡過夜，這是正面的表現，不是嗎？為什麼我要想這麼多呢？**她試著深吸一口氣，不去想這件事。

然而許多感受仍在她心裡翻滾，中斷她的睡眠。蘇菲隔天起床時，睡眼惺忪且不太舒服，隨著早晨時光快速地過去，她發現她覺得麥克很討厭。**為什麼他要在我面試的前一天晚上在這裡過夜？我自己一個人睡得比較好，早上準備出門也比較快。看我現在是什麼樣子？**她一邊扣襯衫鈕扣一邊生氣地想著。

麥克在房間裡走來走去，穿好衣服準備去上班。「怎麼了？妳還好嗎？」他問道，發現蘇菲好像有些不太對勁。

「不，一點也不好！」她的挫折感瞬間爆發，走回到衣櫃前，然後一邊被自己情緒的能量嚇到，一邊想要軟化自己的語氣：「我不知道。我只是……我只是不喜歡我的樣子。」

「妳在說什麼？妳看起來很好啊！」麥克說。

蘇菲回頭看了他一眼，傷心的淚水湧上雙眼。她快速整理好東西，因為她意識到，自己在麥克臉上看不到任何同理心。「我不知道。可能是這個面試出乎意料地讓我緊張吧！」她快速地越過他，向門口走去。

從外界看來，這似乎是滿容易避免的情況。如果蘇菲可以直接和麥克聊聊，告訴他關於自己的焦慮，因為擔心他可能臨陣反悔兩人要同居一事，或許麥克會對她說一切都沒事、讓她放心。也或許他會承認他遲疑了一下才回應是因為他感到有些緊張。畢竟，很多情侶都會對同居感到焦慮，不論雙方感情進展有多好。抑或是他的個性屬於逃避型依附類型，所以親密對他來說是一種威脅。但不論結果是哪一種情況，他們都有可能讓彼此溝通得更好，更能探索他們各自面對的感受。

我們無法有效處理自己的情緒，除非辨認出並留意那些情緒。但蘇菲對自己的感受十分矛盾。她非常懷疑自我，想屏棄自己的恐懼，於是混雜著難過、憤怒與受傷的情緒便在某一刻瞬間爆發。這麼做將無法滿足她的需求，也無法和麥克和好。

你可能已經猜到蘇菲屬於焦慮矛盾型依附類型。總之，她無法信任關係中的安全狀態，內心永遠籠罩著可能會被拋棄的威脅感。她在幼時便習得所愛之人不會總是在她需要的時候讓她依靠，而且她不斷懷疑自己遲早會搞砸這一切。因此，當她提起那間公寓，而麥克沒有興致高昂地回應，她的神經系統開始關注此事。她的大腦開始發出可能陷入危險的警訊，而她舊有的情緒模式則開始接管情勢。

雖然蘇菲的行為看來似乎有些過於極端，但她內心深處的恐懼是相當普遍的。我們應該要知道，對於與所愛之人建立緊密連結的需要是先天的，是百萬年來演化形成的模式。任何可能會喪失與伴侶之間聯繫的跡象，都可能激起我們內在的恐懼。如果感受到我們的關係出現任何一丁點負面的狀態，我們的依附類型就會被激發運作——我們對於和他人之間建立穩固連結的需要就會顯現出來，我們也會想要向外求助、讓事情變得更好。這是我們被設定好的。

屬於安全型依附類型的人，遇到這些體驗時會覺得像是走在路上難免會碰到的小顛簸，不會影響行進，所以多能與伴侶回復到正常平穩的狀態，能夠以健康的心態處理並回應自己的感受。但不屬於安全型依附類型的人，其早期經驗會讓情緒模式陷入更糟的谷底。因此，我們不只對於關係中任何一點情緒起伏與跡象過度敏感，那些早期經驗帶來的感受，更讓我們的內心產生近似於恐懼的反應（註1、2）。我們會覺得那些感受是危險的，於是各種情緒開始在體內翻騰。在我們發現之前，神經系統就被啟動，不論好與壞，我們都是根據早期經驗的設定，回應自己的感受，以及相關的需求和欲望。

蘇菲完全不知道自己到底發生了什麼事。她不知道其實她是被觸發——情緒激動的按鈕被按下，而她舊有的程式設定掌控了全局。如果她知道，她可能會理解，掌控她的其實是自己的恐懼，而非麥可的反應。也許她會察覺到自己正陷入了舊有的行為模式，自動啟動了防衛反應。她可能會以非常不同的方式處理自己的感受與情況，但是她仍然不知道自己情緒上究竟發生了什麼，她沒有任何選擇，因而感到十分無力。

這也是我們很多人的經驗。我們並未發現自己的內在在不知不覺中被觸發。我們被自己的反應給淹沒了，導致看不清究竟發生了什麼。我們沒有察覺或是理解觸發我們情緒模式的深層原因。我們不知道觸發神經系統的其實是針對過去事件的爆發，和我們此刻所面臨的情況無關。然而當發生了某些跡象與我們的預設不同，例如麥克充滿同理心的一眼，我們卻又選擇忽視。

如果想要徹底改變，就必須意識到自己被觸發的瞬間。我們必須讓自己慢下來，並開始注意內在的變化。我們必須要更加靠近內在的各種能量，並更加熟悉如何處理這些能量。總之，我們必須培養情緒覺察的能力。

情緒覺察

我猜各位應該聽過「情緒覺察」這個詞彙。雖然覺察已有數千年歷史，但最近才開始受到大眾媒體的注目。近年來，《紐約時報》的首頁以及數個主流雜誌封面都曾出現這個詞彙，也是許多人氣談話節目常討論的話題。只要稍微瀏覽一下線上新聞媒體平台，應該就會看到相關文章。原因之一可能是人們每天都被各種數位資訊占據心神，以及無止境的社交聯繫耗損了我們的精神與情緒。雖然科技的確提升了生活的許多面向，但無止境的電子郵件與訊息轟炸，以及各種令人分心的新聞消息等都奪走了我們的注意力，容易讓人感到無法招架並充滿壓力。有許多人於是開始嘗試尋找各種方式，以平息過度受到刺激的神經系統，重新獲得生活中的平靜，並專注在真正重要的事物上。

然而為何最近可以看到這麼多關於覺察的討論？因為近期有為數眾多的研究報告證實，覺察能帶給我們益處。一個接一個的研究報告指出，進行覺察有助於我們生理、心理、社交上的健康。尤其它被證實能有效減少壓力、促使反思、緩和情緒反應，以及加強免疫系統運作、洞察力、直覺，還有提升專注力、認知彈性、同理心和關係滿意度（註11）。

提到「覺察」時，一般指的到底是什麼呢？這是個非常好的問題。「覺察」有不同的意思，取決於上下文以及你討論的對象，因此造成許多誤會。

基本上，依據我們的目標，覺察指的是以接納、不加諸批判的方式，關注當下經歷的時刻。這包含了積極專注在我們許多正在進行中的體驗——感覺、觀察以及接受——並且不試圖改變情況，或以某個方式做出回應。重點在於接納這個體驗，並容許這個體驗存在。

覺察主要是為了加強我們的專注力，以及有意識的認知能力。藉著「帶有目的性的關注」（註12）與接納，我們將能夠視所有體驗為流動並持續改變的，如果我們面對它並保持在當下，它終究會過去。我們能發現，只要對所有體驗保持開放，我們就可以在它們之間遊走，並抵達一個更好的狀態。它能讓我們從過去或是擔憂未來中解放，並全心活在當下，專注在當下此刻。

對於覺察，有一個常見的誤解，就是以為覺察是進入一個境界，在那裡，我們不會被生命中任何波折滲透、影響。這一點都不正確，也不是我們想要的。作為有情緒的生命體，我們生來就是要感受。如果我們沒有任何感覺，生命將會缺乏能量、色彩與富足。如此一來，生命又有何意義？

覺察並非讓我們與世隔絕，那會像行屍走肉。覺察應該是讓我們找到一個健康的折衷，在體驗與觀察內在之間，不先往任何方向前進——像是被稱為「參與式觀察」的狀態。重點在於讓大腦的不同區域——情緒區塊與思考區塊——能夠合作。

有所覺察時，我們才能進行整合。我們不但能清楚地感受，還能檢視當下的體驗，以及過去積習已久的直接反應。我們能夠更立即發現被觸發的時刻，才能避免再度被舊有且無效的行為模式所控制，才可以讓自己自由。

覺察能提升自我意識，並讓心理狀態更靈活多元。它能在我們內在建立一個空間，讓我們得到更大、更宏觀的視野，以判斷什麼回應對我們的體驗來說是最好的。我們的選擇範圍將變得寬廣，也更自由，有更多更明智的選項，更趨近我們想要的方向。

甚至，當我們刻意將注意力集中在實行新的正向行為，我們也正在進行神經學家傑弗瑞・史瓦茲巧妙稱之為「自我指揮的神經可塑性」（註13）。我們正在引領大腦重新設定，以便日後它能夠自己如此運作。我們等於是在更新自己的神經迴路。也就是如同心理學家瑞克・韓森所提出的，我們正在用自己的意志改變大腦（註14）。

「情緒覺察」，如同字面上的意思，意指刻意關注自己的情緒體驗。請記住，早期對於關係的迴路設定是導致我們如何回應感受的關鍵，這整個過程大部分是無意識的。我們並不知道內在怎麼了——我們正感覺到某些感受，並以沒有助益的方式做出回應。我們並不理解自己其實是被某些事情所觸發，自動啟動了處理關係的內在運作模式。但我們應該要能理解，掙脫這個牢籠的方式就是面對自己的情緒體驗。

練習情緒覺察有助更快速轉換那些在無意識時掌控我們行為的情緒動態，它還能讓我們更加意識到自身的感受，更有建設性地與之共處。這樣一來，我們更能調節自己的負面情緒，也更能客觀檢視並回應內心正在發生、或是以前發生過的事。當我們帶著足夠的善意與同理心面對自己，我們會更容易處理面前的情況（註15）。

當我們有所覺察，就可以自由地建立新模式，與自己和他人互動。當我們有所覺察，就可以有意識地認真去愛、被愛。

聽起來很棒吧？當然是！不過就如同我們學習任何新技能一樣，要花一些功夫。畢竟我們長期在不知不覺中，以無意識的某種型態對情緒做出反應，所以那些行為模式都已經根深蒂固、積習難改，甚至會自動啟動。那像是我們不假思索就走過太多次的熟悉路徑，所以需要一些努力才能讓事情移轉往不同的方向。但是只要多練習，就能精進技能。

為此，有些人覺得培養每日冥想的習慣有助進行更有效的覺察。的確如此。但雖然規律的冥想對覺察的確非常有幫助，卻不是唯一的方法。情緒覺察可以在任何時刻、任何地方練習。事實上，研究顯示，少量的重複經驗——「小而頻繁」——是能在大腦內建立強而有力的神經傳導路徑的方式（註16）。只要有意識、有技巧地每天重複執行，一天花個幾分鐘，就能建立並鞏固情緒覺察迴路。我們需要做的，就是一遍又一遍地，專注在感受經驗當下並與它共處。

我指導前來諮商的個案運用四步驟培養情緒覺察力。分別是：

步驟一：辨識並指稱

步驟二：停止、放下，然後停留

步驟三：暫停並反思

步驟四：有覺察地相處

我們從步驟一「辨識並指稱」開始，也就是培養覺察的意識，與觀察當下體驗的能力。這個步驟最主要的目標是要練習情緒激動高漲、舊設定被觸發並控制局面，能有所覺察。為了能用不同的方式處理，我們需要觀察在這樣情況下，情緒到底發生了什麼事？畢竟，我們無法改變沒有意識到的事情。所以我們必須辨識出何時被觸發，並能標示出這些情況。就像大家常說的，我們必須能叫得出它的名字，才能馴服它。

因此，我們要了解一下，當我們被觸發，內在到底發生了什麼？

宛如一場劫持

演化讓我們大腦設定了必須注意危險的本能。在不知不覺中，我們的杏仁核——也就是前面提過大腦中較古老與原始的「危險偵測器」——其實一直不斷在偵測所處環境，評估安全度，並在察覺到問題徵兆時給出警訊。這是為了保護我們安全的基本求生機制。在史前時代，人類必須面對眾多具體危險事物威脅時非常有助益。杏仁核處於大腦中心位置，同時因為大腦的設定，所以能繞過大腦前額葉皮質區，也就是「決策中心」以及其他大腦近代演化發展的區域，快速傳達危險警訊給身體。亦即當面臨麻煩，杏仁核會「劫持」我們的大腦，讓我們立刻作出行動，即便我們其實還不知道發生了什麼。

以下是整個劫持的流程：杏仁核偵測到我們可能面臨危害↓傳送出求救訊號↓啟

動神經系統→腎上腺素與皮質醇等壓力激素開始分泌→身體進入高度警戒狀態。交感神經就像一個加速器，會讓我們瞬間加速運轉，以便讓身體準備好對抗威脅，或是逃跑求生——也就是所謂的「戰鬥、逃跑或不動」反應。我們會瞬間提高注意力、大腦運轉變快、肌肉繃起，然後行動。抑或是無法逃出危險範圍時，身體就會像關機一樣，靜止不動以保護自己。不管是哪種情況，整個過程只有一瞬間，在運作較慢的大腦前額葉皮質區評估完整個事件的意義與重要性之前，這個流程已完成。當大腦發現已脫離危險狀態（「哈！那只是一根樹枝，不是蛇！」），副交感神經系統會開始運作，以便讓我們煞車，讓身體冷靜下來，回到休息狀態。

杏仁核劫持我們大腦的能力，是一項非常巧妙的生存技能。這能讓我們不假思索地瞬間行動。至少，我在突然猛力踩下車子煞車，以避開可能發生的意外（以及避免負擔昂貴的修車費）時，我都會對自己擁有這樣的才能心懷感激。

不過今日我們生活中常遇到的「危害」通常是比較抽象的（例如排隊時有人在前面插隊、被同事輕蔑，或是伴侶擺出一臉生氣的樣子），而非我們祖先所必須面對的那些生死交關（像是有獠牙的劍齒虎）。但不幸地，我們的杏仁核不擅長分辨這種種之間的不同，因此常在不需要的情況下進入求生模式。這就是為何這種一感到威脅就瞬間被點燃、不經思考的瞬間反應，有時對我們來說是一種負擔，尤其是在探索關係中的情緒體驗時。

請記住，我們的杏仁核是根據過去經驗來感知危害。當我們對伴侶產生某些感受、需要或渴望，如果我們的體驗近似於早年做出負面反應的情緒記憶，我們就會被觸發。不論我們的感覺是否正確，杏仁核都會響起危險的警訊，然後神經系統開始照著回應，啟動抵禦模式。雖然最原始的失去（以及死亡）危害早已不存在，我們處理的方式仍然像以前一樣，導致我們在不知不覺中讓自己痛苦。

注意衝動與行動之間的差異

本章開頭提到的蘇菲其實並不清楚，當她的男友對於要一起找同居公寓的提議沒有特別興奮，她被觸發的原因是什麼？但在那一瞬間，她大腦的舊有設定立刻啟動並展開運作了。

像蘇菲一樣，當我們受到刺激，反射行動會瞬間被觸發，就好像按下按鈕後，原始設定程式就開始運轉。一切都發生得非常快速。但如果試著慢下步調，就能拉開衝動與行動間的距離，讓自己有充足的空間引導事情往不同方向發展。

能做到這樣的關鍵，在於串連上層腦的前額葉皮質區。大腦前額葉皮質區就像交響樂團的指揮，會關照所有「樂手」，讓他們能夠一起創造出美妙的音樂。大腦前額葉皮質區能讓杏仁核冷靜下來，就如同指揮家能領導、平衡、調節交響樂團不同分部的聲響一樣。前額葉皮質區能調節神經系統，並向直覺式的生存反應——探索關係中情緒領域的必要技能——說「不」。

但是這種從前額葉皮質區（或所謂「上層腦」）至皮質下區域（也就是杏仁核所在的「下層腦」）的從上到下神經傳導並不如由下往上的強。這就是為什麼杏仁核很容易掌控局勢，因為我們就是被這樣設計的。幸好，由上往下的迴路可以藉由刻意的平衡與引導來加強。而覺察正是幫助我們強化察覺自我的能力。

我們可以藉由召出我們的「觀察者」上工，刻意加強前額葉皮質區運作。觀察者就是內在可以看、觀察、辨識情況的部分。這不是指思考、評估或是判斷，就是觀看而已。舉例來說，想像你伸長手，輕輕握住你的體驗，好好檢視一番。你可以轉動手以從不同的角度來看。當觀察並描述我們的體驗，我們會創造出我和它之間的小空間。與其完全沉浸在難過中，我們要跳出來以便能更客觀的翻轉、檢視它。接著可以辨識並確認我們的情緒體驗，這能幫助大腦前額葉皮質區獲得主導權。藉著運用上層腦來管理下層腦，我們能更精準了解當下的情況，並避免被舊有設計程式所控制。

當我們被觸發，就會陷入崩潰無助的危險。透過觀察，我們能用情緒經驗來改變我們的關係，使這些情緒經驗變成為我們所用，而非直接定義我們。我們將能因此觀察自己的感受，而不至於被感受過度影響。只要能做到這樣，我們不但能藉著這些感受來改變關係，更能讓體驗改變體驗本身。

我們究竟要從哪裡開始觀察我們的情緒體驗呢？我們又要如何解釋所觀察到的？以下我想跟各位分享一個在這些方面可以幫助我們的工具。

利用三角形來說明情緒運作模式

自從我開始受訓成為一名心理學家，我就一直對如何有效幫助人們改變非常有興趣。隨著這幾年我所累積的經驗與技巧，有一項工具可說是我工作的核心基石，並可說明我所做的事。各位現在也許會想，這可能是某項神奇又複雜的概念或介入方式，但其實這只是一個非常簡單的圖解。

「體驗三角圖」，或是可簡稱為「三角圖」的圖示，是用來圖像化說明我們內在處理情緒與關係的運作模式，也就是掌管我們體驗的程式。如第一〇七頁圖所示，當我們內在充滿焦慮的感受、啟動了需求或欲望，三角圖將亮起，讓我們更加意識到我們內在所發生的情況。當我已經無法以三角圖來理解個案的掙扎，或幫助他們克服對某些感受的恐懼，他們也可以藉由學習三角圖來獲得協助。憑著辨識與圖像化分類他們情緒體驗的幾個主要面向，接下來他們可以描繪自己和他人的關係為何，三角圖能幫助他們釐清自己的情緒動態。三角圖提供了一個機會，讓他們隨時都能抽離一步、觀察自己究竟怎麼了。因此，他們最好能夠發覺自己被觸發的時機，並辨識出自己內在發生了什麼事。這樣一來，他們就能夠中斷這個流程，重新回到駕駛座上，而非被牽著鼻子走。接下來我將與各位說明這個三角圖。

首先讓我來解釋一下。下頁圖的三角圖中三個角落分別代表三種情緒體驗的主要成分——感受、焦慮，與防衛。這些是我們的體驗中必須要特別注意並辨識出來的。

最底下的頂點是我們的核心感受，伴隨著這些感受而來的是底下的需求和欲望。之所以位於三角圖底端，就是要讓人能聯想到，我們真實的感受常常處於內在最深處——也就是「由下往上」。這也說明了我們內在被設定好，想要與人建立連結、愛與被愛、追求安全感的情緒與需求。

右上角的A代表我們早期與照顧者之間的相處體驗，和我們基礎情緒、需求與欲

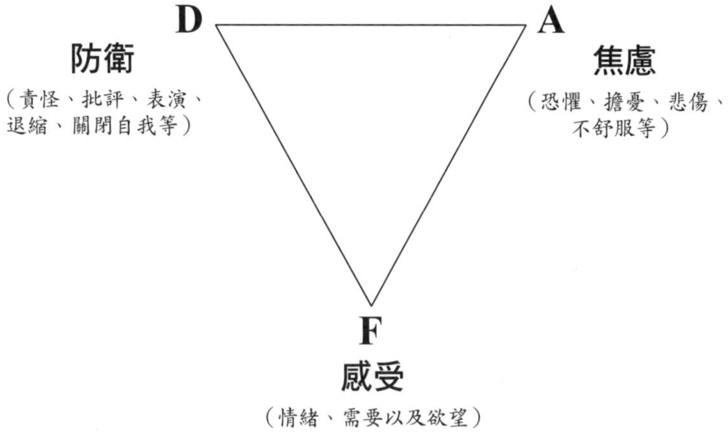

圖一　三角圖

望相關的焦慮、恐懼與悲傷（接下來都會以「焦慮」簡化統稱這些感受）。

左上角的D代表防衛，也就是為了保護自己而發展出的想法、行為和反應，也是為了情緒產生時控管焦慮而生的機制。這些都是我們用來「防衛」核心情緒經驗的處理策略，也會用來隱藏與克制我們的感受。我們的防衛系統與焦慮會宣告我們被觸發了。它們之所以位於三角圖上方，也是用來表示在真實生活中，它們通常發生於我們的表面反應，並遮蓋了我們的核心情緒。

圖二則將我們被觸發時的狀態圖像化。讓我們來一步一步解析這整個流程。

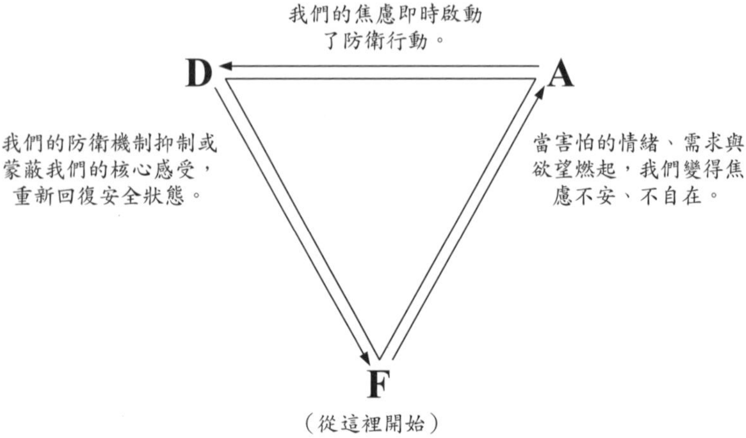
我們的焦慮即時啟動
了防衛行動。
D
A
我們的防衛機制抑制或
蒙蔽我們的核心感受，
重新回復安全狀態。
當害怕的情緒、需求與
欲望燃起，我們變得焦
慮不安、不自在。
F
（從這裡開始）

圖二　運作中的三角圖

在關係中，有時我們會注意到有事正在發生，並激發我們內在的情緒反應。可能是任何事物——一個念頭、一個評論、一個眼神，或是說話的語氣，總之就是當我們想與伴侶靠近，他們看起來不快或是冷淡等反應。如果這些被激起的情緒、需求或欲望是我們習得必須害怕的，我們的杏仁核將發出危險靠近的警訊。我們的神經系統被啟動，身體做出反應，然後我們感到不開心（A）。當我們的難過、不快增加，會逼我們做出任何行動以回復到安全的感受。我們的防衛系統開始針對問題反擊，也許是壓下感受，或是提升成某種更「可接受」的感受（D）。不論是哪一種情況，我們的核心情緒、需求與欲望都被壓抑或扭曲，以便讓相關的恐懼消散，並在當下重回「安全」狀態。也就是說，若我們再度體驗到另一次激發焦慮的感受，整個運作模式會依此重複。也許不是以相同的防衛機制，但仍是在相同的三角關係中。

讓我們一起來回到蘇菲的故事，描繪一下事情發生的過程。

當蘇菲提議想一起找同居的公寓，而麥克以無精打采的方式回應，這個運作模式就開始了。當蘇菲內心想向麥克尋求安慰與肯定的欲望沒有被滿足，她的心裡掀起一陣恐懼的浪潮（F）。她內心的警鈴因而大作，警告她遠離危險區域，而她開始感到不安與糾結（A）。「不、不、不，千萬別讓他知道妳的感受！」她受到年幼時受挫的經驗所影響，這個潛在記憶提醒著她。「妳知道這會導致什麼結果！」蘇菲接著開始質疑自己的感受，試著裝作不在乎並表現得像沒事一樣（D）。因此，她的焦慮降低了一些，但是仍然瀕臨崩潰。最後，當她這些感受滿溢到再也無法承受，她就會以摻雜了混亂的憤怒、受傷與痛苦發洩出來（D）。需要注意的是她表現出來的感受——憤怒與受傷——雖然這些是感受，但並非她的核心感受。相反的，這些只是用來抵抗防衛恐懼與渴望肯定、連結、親密的核心情緒體驗。

這樣各位應該就了解了：俯瞰蘇菲的情緒設定，可以清楚地看出她從早期被制約

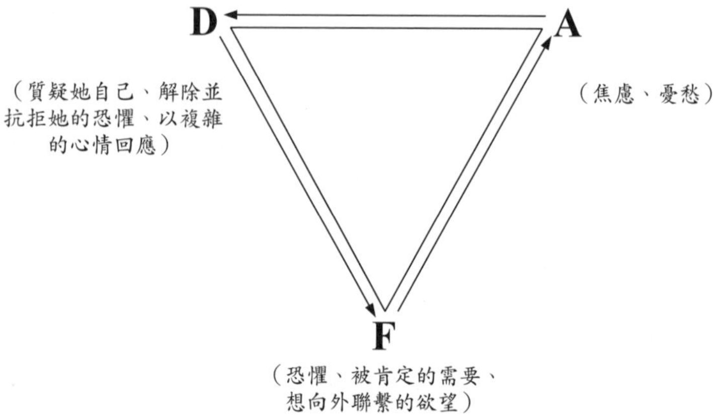

圖三　蘇菲的情緒動態

的神經模式。蘇菲的三角圖顯示了妨礙她表達真實感受的內在運作模式。如果蘇菲能夠退一步觀察她內在發生的狀態，她可能會發現熟悉的模式。她可能會注意到她被觸發的時機，以及她習慣的反應。她可能可以發現自己開始升起防衛心的時機，重新拿回主導權，並試著用不同方式回應。至少，她可能可以理解自己到底是怎麼了。

依照這個三角圖，她可以做到這些——你也可以。首先，你可以用這個圖當作了解情緒經驗的框架。拿一張紙畫出一個三角形，並在上面寫出你的一些關係經驗。試著用這個三角圖的框架來觀察你的互動方式——注意你感覺或是發現焦慮上升的時刻，並辨識出你通常用什麼樣的防衛態度來做出回應。

經過多次的反覆練習後，你將越懂得分析自己的體驗，並辨識出自己的狀況。接著你可以看清並指出事情的原委。例如，你可能會說：「我剛被激怒了」「我變得太過戒備了」，或「我覺得很受傷」。

這個步驟非常有力。心理學家馬修．利伯曼（Matthew D. Lieberman）和他同事的研究顯示，分類標示出我們的情緒體驗能讓大腦前額葉皮質區運作，讓杏仁核冷靜下來（註17）。這可以調節我們的神經系統，並讓我們更容易解除制約，以思考出最佳處理辦法（註18）。

當我們能辨識出內在發生的情況，就能更趨近於事實。我們正在區隔過去與此刻，並幫助自己能更清晰的檢視情況。此外，當我們反覆觀察並辨識出自己的情緒體驗，才能開始看清我們習以為常的行為模式。因此我們更能理解我們何時、為何會在關係中有某些慣性？並試著以不同的方式取代這些慣性。

這其實是充滿愛的行動。我們開始像那些能適時關心孩子的父母，如關注孩子感受般地關照自己。但我們的目的是什麼？哪些跡象告訴我們自己正感到焦慮？我們要怎麼看出自己正處在防禦模式？我們怎麼知道是否有觸碰到自己的核心感受？這些就是我們接下來要注意的事項。

找到線索

當蘇菲被觸發，她感覺到內心襲來一陣陣的驚慌與不適。她瞬間將焦點轉移到她的想法上，也就是讓她卡進死胡同裡的想法。她完全沒意識到自己發生了什麼。

意識——某事發生時知道某事正在發生——是覺察的主要要件。加強我們意識到情緒的關鍵，就是要更依照我們的身體作出調整。為什麼？因為那是我們的感受能展現之處。我們會透過精力、感覺或是體內最直接的反應表現出感受。有意識地調節身體感官，能加強我們對自己感受的意識與覺察，帶領我們注意重要資訊，幫助我們展現出核心情緒體驗。

其實我們都和蘇菲很像，很多人也是不太注意自己內心的狀態。我們被思考消耗、陷在痛苦中，或是只專注在眼前的事物上。但這樣一來，我們就與真正的親身體驗越離越遠了。這就是問題所在。當我們沒有察覺內心真正在經歷的狀態，就是在任由錯誤的迴路運作。

但如果強化對自我的意識，如果我們能更依著內在體驗調整，並辨認出我們正被觸發、正在產生某些感受，就可以翻轉這個局勢。

那麼，你被觸發時是什麼樣子呢？有哪些跡象？這就是三角圖之所以能幫助你釐清體驗的原因。請記住，你通常是在衝突的感受、需求或欲望——三角圖底部——被點燃時，才會被觸發。只要你執行這四個步驟，你會更能發覺核心情緒體驗發生的時刻，但你內心的警鈴響起、神經系統掌控全局的速度實在是太快了，這階段的你很可能會感覺到不舒服而瞬間進入反抗警戒模式。因此三角圖上方——感覺到焦慮或是充滿反抗與戒心的行為——才是你需要注意的。

能夠辨識出被觸發的時機、跡象是非常重要的，它們都是你被觸發的重要指標。但是如果你能在開始焦慮之初就察覺，會比較容易讓整個流程慢下來，甚至重新恢復掌控。當你已經樹立起戒心與防備，並開始要出現你的慣性，就會變得比較困難，但是要重新拿回掌控權也不是完全不可能。

因此，讓我們先來看要怎麼在焦慮出現的當下辨識出來。

三角圖中的「A」點

生理上的不舒服常常是我們感到焦慮、神經系統以為我們陷入危險而反應的首要跡象。這就是在告訴我們，我們正在經歷一項杏仁核懷疑會讓我們危險的情緒體驗。舉例來說，我們開始覺得受傷、害怕、憤怒、需要被肯定或支持，或是我們感到被迫用某種方式表達自己時，就是警鈴開始作響了。接著我們開始感到焦慮、害怕或是痛苦，同時感覺到生理上的不適，非常不舒服。為什麼？因為這是一種警告訊號，是要讓我們提高注意，想要我們去做點什麼。如果這一切讓我們覺得很溫暖又溫馨，那我們就會放鬆，覺得安心，但這就不是焦慮的功能。相反的，產生的痛苦會讓我們想要出手中止情況，或是讓痛苦消失。

根據這些警鈴響起的描述，你可能會認為，當我們被觸發，應該很明顯能發現才是。有時候是這樣沒錯。有時候所有警鈴大作，我們的肌肉緊繃、心跳加快，開始感覺到躁動、激動、緊張。但也有些時候，我們不會注意到這個體驗。我們可能只是感覺到些微不適，胸口有一股氣堵著，或是快到幾乎感覺不到的一陣肚子抽痛。這些感受都是在呼應著過去的痛苦，那些在我們思緒、身體與心靈深處隱隱發作的舊傷。就好像是我們的鬧鐘響起，但我們又迅速睡著了。一開始總是輕輕地降臨，像位在很遙遠的地方。不同的是，鬧鐘最終還是會再響起，逼我們醒來正視問題。但焦慮即便會影響我們的行為，仍然可能在我們的運作迴路底下游移，讓我們沒注意到。特別是我們不理解自己的生理經驗時。

焦慮可能會以各種我們不熟悉又困惑的方式出現。事實上，有些時候我們其實感到焦慮，卻沒有辨識出來。為了能讓我們的感官更敏銳，以便更精準地檢測焦慮發生的時刻，讓我們來了解一下焦慮會有哪些可能的型態。

下表列了一些和焦慮相關的反應。請勾選出哪些是你覺得熟悉的，那有可能是各位情緒體驗中的一部分。

焦慮的跡象

- 肌肉緊繃或收縮（身體的任何部位）
- 心跳加速
- 躁動不安、激動
- 想逃離現場或退縮
- 呼吸急促短淺、氣喘
- 反胃、肚子痛

有尿意
困惑、很難專注或思考
頭暈、頭重腳輕、神智不清
冒汗，手或身體感覺冰冷
麻木、酸麻、顫抖、肌肉抽動

誠如所見，焦慮有許多不同的表現形態。但是，不論是哪一種，大部分人的體驗通常都滿固定一致的。例如蘇菲被觸發時，通常會感覺到恐慌或肚子不舒服。我的經驗則不太一樣。當我被觸發，我通常會感覺到太陽穴一陣顫動，就好像微弱的電流快速流經迴路一樣。有時候顫動實在是太微弱了，以至於我完全沒注意到。事實上，我確定在自己發現時，早已經過了好一陣子。但是只要我多留意自己的內在體驗，就越能夠注意到這些微弱的訊號。

只要多練習，你也可以做到。在此我們來做個練習，幫助你能更敏銳感覺到你的體驗。

焦慮察覺練習

找個安靜、沒有任何干擾的地方，讓你能夠專心觀察內在。找到一個舒服且放鬆的姿勢，讓你能好好感覺體內的能量。通常來說，挺直背，雙腳站穩是最好的。閉上雙眼並專注在內在。花點時間讓自己進入專注。做幾個深呼吸，不須做出改變，只需要好好觀察你的吸氣與吐氣。

接著想著你與伴侶共處時，那些讓你快離開情緒安全區域的場景。如果你目前沒有交往對象或伴侶，就想像之前的對象，或是其他在你生命中很重要的人。在腦中想像著會讓你想要跳脫平常狀態的情境。例如，你可以想像毫不保留的與伴侶分享你的難過、失望或傷痛，讓你的伴侶知道你正感到不安或害怕，並且需要他們的肯定與支持，或是告訴你的伴侶他們對你多麼重要、你多麼愛他們或依賴他們。你也可以想像直接講述衝突的畫面，告訴你的伴侶，當他們說某些話或做某件事，你感覺到十分挫折與生氣，並提出你希望可以改變這情況。你不一定要想像你自己身處在這些事件中。只要模擬一些可能讓你焦慮的情況，就足以喚起你的神經系統。

這就是我們所想要的。

盡可能把想像的情境想得越仔細越好。想像你正準備好要坦率表達你的立場。當你開始進入這個體驗，請注意你身體發生的變化——你的頭部、臉部、頸部、肩膀、胸口、雙臂、腹部、腿等任何部位。當你準備要更誠實坦白，體內是否有發生任何現象？注意是否有任何區域出現緊張、酸麻或不舒服。注意哪處力量停止了？哪處力量仍在流動？注意哪處可能感覺溫暖？以及哪處感覺寒冷？總之觀察你的所有體驗，不論發生什麼，都不要改變也不要做出任何行動。

當你完成後，做個深呼吸，然後放下一切，甩掉這個體驗，感覺它從你的身體離開。感覺你自己回到你的中心。花些時間把你觀察到的身體感受寫下來。

你覺得如何？你注意到什麼了？也許你發現到一些關於你自己以及你如何反應的細節。也許你注意到一些以前沒意識到的身體感受。若是如此就太好了！因為你正變得更加有自覺。反之，你也有可能什麼都沒注意到。也許這感覺起來很不同或很奇怪，但這也是正常的。每次注意內在時，不論發現什麼，你都在增進自己的觀察技巧，都在擴展你的自覺，並加強關注的能力。越常練習就越能掌握要領。直到某一天，你的努力會突然地有所回報，而且你會注意到以前從來沒看到的細節。那些也許是對你有所幫助的訊息。

我要來懺悔了。各位看過那些太空人在月球漫步的照片嗎？你只能看到一些崎嶇的表面，接著一切都陷入黑暗的深淵？這就是我剛開始向內探索我情緒經驗的感覺。我覺得我好像登陸在一個不知名的星球，眼前只有一片黑。我沒有開玩笑。但隨著我關注內在的次數增加，意識的光亮好像漸漸要破曉，於是我開始漸漸能與內在溝通了。

這就是你該做的事：持續關注你的感受經驗。在一天當中，從頭到腳檢查你的身體，看看你是否有注意到什麼。你感覺到了什麼？你注意到哪處有些什麼樣的感受？養成習慣檢視自己，尤其是與伴侶互動時。這樣做能幫助你強化對自己內在體驗的覺察，也能與你的內在體驗有所連結。

因此當你注意到自己正在焦慮、被激怒了，你就可以做出指認，用動詞標示出來。你可以對你自己這麼說：「我被激怒了」「我正開始進入某種反應了」，或是「我的古老迴路又出現了」。不論是何者，只要能幫助你注意並理解情況就是好的。形容盡量保持簡短、俏皮，這樣你才不會過度陷入那個體驗中，並與之保持安全距離。當情緒被觸發時用言語標示出來，能夠減緩焦慮，讓你更容易解除慣性的制約。

你或許可以辨識出哪些感受、需求與欲望被激起——也就是三角圖底部的事物。也或許不能。下一章我們將著重在如何靠近情緒體驗的核心。在這階段，只要知道，你之所以感到不舒服是因為感受在你內心中翻滾就夠。有些基本的方式能大膽跨出你關係中「應該」怎麼做的內在運作模式。

三角圖中的「D」點

如果很難理解自己什麼時候感到焦慮，另一個你被觸發時值得注意的跡象就是你樹立起防備心時。如同第二章提到的卡拉、克雷格與雪莉的故事所描述，當我們走到這一步，就好像火車已經駛離車站，而我們的「戰鬥—逃跑或不動」反射已經開始運作。我們已經進入某種行為狀態，其唯一的目標就是要讓我們遠離當下的不舒服。

當卡拉沒收到艾蜜莉的任何回應，她的恐懼與期待被安慰的需要開始在心裡翻攪，所以她整天反覆思索，晚餐時悶悶不樂。莉蒂亞越是表示出關愛，克雷格越是想退縮，甚至責怪她太黏他，並想抽身而出，以回應他自己對於與人連結的需求所導致的不開心。雪莉感受到因為想要親密感與安全感所帶來的痛苦，進而表現成攻擊瑞克、逃離他，或是獨自一人行動。這三位都是沒有意識到自己已被觸發並進入防衛反抗模式的行為。

要看出自己在哪些時刻表現得充滿戒心可能有些困難。有時候這些行為可能非常根深蒂固，就好像我們的一部分，或是我們自然的天性。我們並沒有發現其實這些反應都是後天習得的自我防衛，是可以被改變的處理模式。

大致來說，在關係中所訴諸的自我防衛可分為兩種類型：反應過度或是停止反應。個別來說，我們要不是放大某些感受（例如前面提到蘇菲耍脾氣的模樣），要不就是試著讓這些感受消失（如同她質疑、懷疑自己感受時）。簡言之，我們會選擇「戰鬥」「逃跑」或「不動」。總之，我們通常會試圖避免展現出自己的核心感受、需要與欲望。

雖然我們可能對自己的感受會有不同的反應，但有些防禦策略會比較常出現。熟悉這些典型的防衛行為，能幫助你辨識自己出現這些行為的時機。

關係中常見的防衛行為

比起健康正面地表達出我們的感受，反而像是表演一般「展現」感受（例如責備、批評、要求、發脾氣）

以一種感受凌駕其他感受（例如我們在感覺受傷或害怕時發脾氣，抑或是在我們感到憤怒時開始流淚、表示無助）

轉換話題、閃躲我們的眼神，或是感受出現時掉頭走人

說話急速，讓伴侶找不到機會插話

不發一語——陷入沉默

輕忽自己或是伴侶的感受；不想在乎

退縮、疏離、封閉自我

自我批判、責怪自己

開始被動攻擊（例如以消極的方式表達怒氣，像是不回簡訊或電話、遲到，「忘記」要做某事）

編織藉口，為自己的行為辯解，或是「合理化」自己的行為

做別的事讓自己分心忙碌，放空（例如滑手機、上網，或是故意專注在工作上等）

避免明確表達自己的感受，模糊或否認真實感受（例如說「我很好」「沒事」）

有上癮的行為（例如酒精、藥物、食物、性、賭博、購物等）

故意降低或壓抑自己的感受

你熟悉以上任何一種充滿防衛反抗的行為嗎？當你感到焦慮，是不是也有這些反應呢？你還做了其他可能是為了防衛或抵抗的行為嗎？請思考一下。

列個清單對你可能有幫助。寫下自己的防衛行為能幫助我們更客觀檢視、有效辨認出它們（把它當作一種處理機制）。

如果你不太清楚究竟是什麼時候會進入防衛狀態，有些明顯的跡象能幫助你發現是否陷入這個循環。舉例來說，當你情緒體驗的調性瞬間從中性轉換到熾熱或是冰冷；你的聲音變大或是緊張，抑或是越來越小聲直到消失；或是當你的思考與行為變得一成不變，而你無法做出相應於當下情況的反應。

這些都是你處在「反射狀態」的跡象，是用來回擊受到威脅的時刻。你的感官會限縮眼前讓你不悅的事物，你完全沉浸在自己的痛苦之中，見樹不見林。你會進入自我防衛模式，因此很難精確接收別人的訊息。你的情緒將進入固著而不可撼動的狀態，因為你已經把自己關了起來。

相反的，當你在「接收狀態」，你是非常開放又靈活的，能夠傾聽你的伴侶，也能從不同角度設想。但那並不代表你沒有感受，其實你通常還是有的。但那些感受是被規範的，而且你能夠與他人有共鳴，探索不同的看法。當你在一個完整多元又均衡的狀態，你腦內思辨與感受的部位才能一起合作。就如同黛安娜・佛莎（Diana Fosha）所言，你正在「感受並處理」（註19）。

了解接收狀態與反射狀態的不同感受，能讓你更清楚自己會在什麼時候被觸發而變得戒備。以下有精神科醫師丹尼爾・席格（Daniel Siegel）分享的一個簡單練習，能幫助你辨識兩者的不同（註20）。

是／否練習

找個安靜的地方，讓你可以自在的專注在你的感受上。靜下心來，確實感覺自己。這個練習非常簡單，你只要說出兩個字，然後注意你的感受。首先，堅定並帶著些許嚴厲地大聲說出「不」七遍。你在說的時候，注意內在、身體的感受，注意力量、感官與生理反應。完成後，休息片刻並注意這個經驗感受。好了。深呼吸後放下一切。

接著，用和善緩和的語調說七次「是」。在說的時候，也要注意內在的體驗，感受如何。完成後，休息片刻並注意你所觀察到的現象。深呼吸後，放下。

其間差異很不可思議，對吧？「不」激發的體驗就像戰鬥—逃跑—或不動反射狀態時的感受。你的肌肉緊繃、立起高牆，把自己封閉在內，拒絕一切。當你進入這個狀態，幾乎完全不可能改變或與人合作。相反的，說出「是」時，會放鬆你的反射動作。你會打開心胸，並接收一切。此時不斷重現的遙遠過去才能遠離你的神經系統，讓你可以更專注在當下。能夠瞬間變換並進入這個狀態，正是我們想增強的能力。當你處於接收狀態，最好、最完整的自己才會出現。這就是我們想要帶進關係中的樣子。

總之你該這麼做：戴上你的觀察者帽子並注意自己的行為。當你與伴侶互動，請問你自己：**我現在是保持開放的？還是處於戒備的？我現在是比較激動的？還是開始退縮或想要封閉自我？我現在是呈現反射狀態？還是接收狀態？**當你看出你怎麼了，就能指出當下的情況（例如「我被刺激到了」「我開始充滿戒備」「我被啟動了」等）。

有時候直到事後你才會發現自己是被刺激了才會以防備狀態回應。那也無妨。晚一點總比完全沒有發現好！你注意到自己就證明了你已經能夠反思自己的行為，並且願意了解自己。非常好！在練習的過程中，你將越來越能看到事情的真相與原貌。此時你已經開始邁向改變的方向了。

因此，在與你的伴侶進行過一場激烈的爭執或是緊張的氣氛之後，花一些時間回想整件事發生的狀況。不要只注意他或她做了什麼，而是要讓自己專注在你的行為上。你的防衛心被觸發了嗎？如果是，是以什麼樣的方式？你做了什麼？對你產生什麼影響？對你自己好奇一點，讓你有機會多了解自己一點。

寬恕自己的片刻

當你開始觀察自己並發現自己的狀況、一直以來如何反應，你可能會有些感觸。你可能會有點責怪自己，思索自己是不是哪裡出了問題？你可能會為了以前沒發現自己這些行為而覺得沮喪。這些都是可理解的。但是在這樣的時刻，我真心想要鼓勵你練習自我寬容。你有時變得過度警戒，並不表示你有什麼問題。只不過因為你是人類。你的大腦可能會在沒有危險時讓你以為你身陷危險，因而讓你做出那些被設定的行為。我們都是這樣的。要記住，這個現象是人類的經驗之一。就如同一位研究自我寬恕的先鋒克莉絲汀・聶夫曾指出的，自我寬恕的其中一個核心元素就是認知你並不孤單。（註21）我們之中也有很多人都為同樣的問題而苦惱。我們都有早期經驗所塑造出來的神經系統，並發展出有時候可能是有問題的處理方式。畢竟我們並沒有任何操作手冊，協助我們如何健康正面的探索自己的感受。我們只是盡己所能。但是現在你開始學習如何讓自己自由。這才是最重要的。這就是會開啟不同局面的起點。

接下來該怎麼做？

能夠辨識出自己何時被觸發的技能只要越練習就會越進步，而且這是我們該做的。練習會成為一個情緒偵探。所以請把握每一個機會，將注意力往內觀察你的體驗。當有任何不正常的感受，注意那些你正在經歷的特殊生理反應與情緒感受。觀察並質疑那股吸引你用慣性回應的推力。請用三角圖來指引你，辨識並指出你所發生的情況。

當你被觸發，你可以試著將它當作一個機會。我們的焦慮與戒心就像路標，會告訴我們需要表達出自己真實的感受、需要與欲望。它們正在告訴我們，核心自我正要浮現。如果我們暫停一下並給自己一些空間，就能有機會更深入認識自己。

你可能會開始思索——**那我該做什麼？**這部分可能會有點挑戰性，也需要些勇氣。當你已經注意到你會在哪些時候被觸發，你的任務就是什麼都不要做。沒錯，什麼都不做。純粹讓你的情緒體驗保持在當下，只要感受，但不要立刻回應或做任何行動。

放下你的戒備，僅與當下內在的狀態共存。我知道，這說的比做的容易。當你被觸發，卻拒絕以被設定好的方式回應，你的杏仁核就會開始偏離常軌。它仍然會認為即將發生某件不好的事，所以會開始超速運作。它不知道有其他更好的方式，但你知道，這才是最重要的。它遲早會冷靜下來，但同時你將面臨到一個嚴肅的抉擇。你想要加強以恐懼為主的慣性？還是想要讓自己有機會變得不同？

憑著單純接受自己的情緒體驗，不做任何可能會陷入危險的反射行動，就是在中斷積習已久的連鎖反應，並建立新的方式。你正在一點一滴解除來自內隱記憶的反射行動制約，並將自己帶入到當下的情境中。你正在讓你的關係轉向你真正的感受經驗，並重新更新你的大腦迴路。你正在解放自己，迎接更好的未來。

章節筆記

- 覺察能幫助你更立即檢視、改變自己的情緒動態
- 杏仁核會在不需要的時候讓你進入求生模式
- 觀察並指出你的體驗能讓神經系統冷靜下來，並跳脫制約

- 防衛心、焦慮和核心感受是情緒體驗的主要成分
- 強化意識到情緒的關鍵是要更理解身體的各種變化
- 焦慮和戒心都是被觸發、進入反應狀態的跡象
- 辨識並指出自己被觸發的技巧，能透過多次練習而進步
- 讓情緒體驗停留在當下，不做出任何回應及行動，就能改變大腦迴路

Chapter 4

步驟二：停止、放下，然後停留

「只有檢視自己的心時，你的願景才會清晰。向外看的人，做夢；向內看的人，清醒。」

——卡爾．古斯塔夫．榮格（Carl Gustav Jung）

「這週末實在太令人崩潰了。」克雷格說道。他坐下時，很明顯十分痛苦。他看我的樣子簡直像剛被卡車輾過。

「發生什麼事了？」我關心地問。

「這個嘛，你知道的，莉蒂亞和我吵架了，這已經不是新聞了。」各位在第二章見到的克雷格是位四十多歲的律師。他來找我是因為他與未婚妻莉蒂亞之間的關係讓他心煩氣躁。雖然他們已經交往一段時間，也訂婚一年多，他還是無法下定決心結婚。他裹足不前的狀態一點一滴耗損他們之間的關係，也成為他們之間發生衝突緊張的主要因素。克雷格覺得很矛盾——質疑他與莉蒂亞之間的關係、懷疑他是否能信任她，也擔心萬一他們真的結婚了，遲早會破局分手。他害怕莉蒂亞會翻臉轉身就走。總之，克雷格內心滿是驚慌。

從克雷格的角度來看，他們的週末相聚其實有個很好的開始。他們和朋友一起出去慶祝莉蒂亞的生日，也玩得很愉快。但之後，還沒到家前，莉蒂亞似乎就想要更多。

「我心裡想著，『妳在跟我開玩笑嗎？』我們才剛一起度過一整晚。天哪，有時候我真的拿她沒辦法。不管我做什麼。」克雷格告訴我，看起來非常憤怒。他繼續告訴我，在那之後緊接而來的爭吵——指控、責怪、互相指責。整個過程都再熟悉不過，他們的防衛心都被激起，掌控了整個局勢，讓他們始終吵不出個結果，雙方既厭倦又傷痕累累，就像歷經了一場對決。

就我對他們的認識，我猜莉蒂亞只是想對克雷格表示愛意，想要到家後也持續與他保持連結。但是克雷格卻強烈的反彈，顯然應該也有什麼事觸發了他，導致他無法對當下保持客觀。畢竟，他其實應該還有千百種其他回應的方式。如果他真的希望有獨處的時間，他其實可以直接跟她說。或者如果他感覺受到批評（他表現得就像如此），他也應該好好與她溝通。但是克雷格直接進入反射行動模式，無法以深思熟慮的方式回應。

我覺得很難過。克雷格氣到失去控制，無法好好思考、做事或感受，還對自己無法在感情中順利感到羞愧。我知道他其實非常在乎莉蒂亞，所以一旦傷害到她時他自己也非常難受，但他的舊有迴路不斷制約他。在他內心某處，他其實也是渴望與人親密、建立連結，但又極度害怕冒險敞開心胸，只因為他太害怕會受到傷害。如果克雷格想要拯救自己離開他早期經驗的大腦程式設定，在這段或是下一段關係中進入更好的狀態，他必須更了解自己內心的狀態。

克雷格在說這些事時，我可以發現到他開始迷失在故事中，因此也該是時候來改變一下，轉而回到處理他的感受。「克雷格，我了解這對你來說有多麼難過。我感到非常遺憾，你們倆一直都在面臨這樣不愉快的情況。但是與其討論更多細節，我認為先把故事放一邊，來關注一下你情緒上的狀態可能會有幫助。我這提議也許不會有效，但是莉蒂亞想要和你親近的舉動似乎有點觸動到你，讓你開始變得充滿戒心與反抗。你覺得是這樣嗎？」

「所以我搞砸了？」克雷格非常沮喪地說道。

「不，這不是我要說的，也不是我看到的。但我覺得你的神經系統可能太徹底掌控整件事了。讓我來和你分享我認為事情可能的真相。」我非常感同身受地說。我拿出一張紙，在上面畫一個三角圖，然後把克雷格的情緒動能分別標示在上面，向他解釋他的防衛模式如何啟動——進入「戰鬥」模式——因為他感覺受到威脅了。我指著留白的三角圖下方，問克雷格是否願意檢視一下是哪些核心情緒在他心裡翻滾。我向他解釋，這些將會給我們最佳的機會改變局勢。克雷格同意，雖然他看起來似乎不是百分之百相信我，但是願意這麼做。

「太好了！但首先，我們先花一、兩分鐘，讓自己沉靜下來，讓我們可以從更內在的地方來看這件事。動動你的腳確認它們的位置，並花些時間注意它們踩在地板上的感覺。感覺這個沙發支撐住了你的身體。當你與我坐在這裡，只要專注在你的感受即可。」我說。克雷格重新豎直背坐起來，調整了一下姿勢，坐定位後靜下心來，然後看著我，等我給他指示。

「好。現在我們來看看你和莉蒂亞在一起的那一晚。但這次，我們試試看你是否能先不要生氣。我們來試著讓事情慢下來，讓我們看看那裡還可能發生了什麼事。可以嗎？」

克雷格點頭。

「好的，那讓我們進入那一天。想像那個時刻，你在想像的時候，試著對你的體驗保持開放。撐一下，讓該發生的都發生。」

克雷格把注意力向內轉，靜止坐著，他的臉色看起來非常專注且嚴肅，而且好像有些不舒服，他說：「嗯，我覺得有些緊張。」

「是的。所以有事情正在讓你焦慮。通常這就是我們開始緊張的原因。你覺得是身體的什麼部分在緊張呢？」我問，試著幫助克雷格理解並觀察自己的感受。

「我的肚子。」

「你可以形容一下那個感覺嗎？說出來可以讓你減輕一點不舒服的感覺。」

克雷格把他的手放在肚子上，坐了一陣子後說：「我不知道。感覺很像是壓力。」

「很好。你做得非常好。讓我們來試試看停留在此刻，然後給它一點空間。在內心深呼吸，然後觀察一下會有什麼事情發生。」

這對克雷格來說是關鍵的轉捩點。他這一生幾乎都在不斷填塞自己的感受，如行軍般冷酷地向前邁進，而今他總算願意冒險一下，試著讓自己保持開放。比起反射性地發怒、斥責別人或是陷入自己的世界，他試著維持在當下。他沒有對情緒體驗撇過頭去，而是面對它，並給予那些體驗一些空間。這一點很不容易。要有強烈的意志，也要有勇氣。反向的拉力非常強大。但這是讓他從舊有的大腦程式設定中獲得自由的唯一方法。也是讓他不再出現無謂恐懼的唯一辦法。

重新設定情緒迴路

當我們內在被觸發時，大腦就會啟動我們對於感受及處理的內部運作模式。過去的情緒制約會取得主導權，無意識地曲解我們的感知，並控制我們的行動。但是如果我們可以放慢體驗步調，專注在當下的感受，我們就有機會從早期設定的牽絆中獲得解放。

當我們被觸發，內在被啟動的情緒會直接連接到內隱記憶。如果我們能心存質疑並關注我們的感受，同時保持開放且傾聽它們，我們年幼時即養成的制約之種種細節與面貌就會開始清楚浮現，那些一直掌控局面、輸入到我們本能的生命經驗也會變得清晰可見。我們可以把這些在無意識時掌控自己的事物都攤開來。我們可以攤開、重新製作、更新它們。我們能夠好好修復內心那些長期潰爛的傷痕。最終，我們可以解除魔咒、讓自己自由，從根本開始改變。

此外，我們專注在當下的情緒體驗時就會發現，若全心全意感受，那分感受不會永遠持續，不論它們在此刻感覺起來有多強烈，但仍如海浪一樣，雖會慢慢增強，也絕對會消散。都是我們的防衛心在操控我們，讓我們無意識地身陷其中，才讓它持續存在。當我們用一直以來所習得的方式壓抑或扭曲自己的感受，那些感受將永遠無法照它們原本的方式運作。它們會卡住，並且不斷以某些方式、形式存在而揮之不去。但只要我們能夠專注在情緒體驗上，不要進入反射模式，就能練習如何與之共存，並使自己變得更好。

隨著時間累積，只要越能關注當下的體驗，我們就會更熟悉、更能控制感受，也明白感受是無害的。我們會發現不單不需要害怕這些感受，明白這些感受更是對我們有益。那就是它們存在的目的——讓我們的生命更好。甚者，我們越是靠近情緒體驗，越是從它的角度來觀看全局，杏仁核就會軟化它的反射程度，並更新我們的神經反應程式。我們開始能更友善地面對感受、需求與欲望。最後，我們就可以改變理解自己與他人的方式。所以，專注在當下的感受其實是一種愛的行為。

學習停留在情緒體驗就是步驟二的工作，「停止、放下，然後停留。」（註22）在這個階段，你的主要工作就是要放下防衛心，專注內心，專注你內在當下發生的現象。

當我們以直覺反射的方式回應感受，可能是完全封閉自我或是過度反應，這些都顯示了「忍受窗口」（註23）——情緒被激發時，我們能以最有效方式做出反應的區域——是被阻礙侷限的。由於空間太窄小，所以情緒體驗無法完整地好好停留。整體來說，空間不夠，以至於我們被迫要用侷限的方式表達自己。

這時我想到一位同事。米利安・瑪索賴（Miriam Marsolais）是一位心理學家以及覺察力行者，我們曾經一起指導一群治療師，教他們如何幫助人們停留在情緒體驗中。當時她曾提過一個佛教譬喻，內容大致是這樣：如果你想要馴服一匹野馬，你必須給牠一個很大的畜欄。如果把牠圍在小空間裡，馬就會變得非常具有破壞力。但是如果畜欄又寬又大，這匹馬有足夠的空間可以跑、跳、嘶鳴，或任何可以消耗牠被壓抑的精力，最後牠就會安定下來，也不會造成任何傷害。要知道，會造成破壞的並非激發馬的破壞力的那些刺激，而是空間不夠，才使牠具有破壞性。

我們的情緒也需要一個又寬又大的畜欄。

當你試著停止、放下，然後停留在感受上，你就延伸了內心的空間，就有更多空間能好好容納各種情緒體驗。過去能展現在神經系統中，也能與現在、此刻的自己共存。曾經最突出的感覺——也就是你不悅的情緒——就能夠稍微退位，成為更大局面當中的一小部分。如同有名的佛教宗師佩瑪・丘卓曾適切地解釋：「和平並不是完全沒有挑戰、沒有困境或平順的體驗，而是一種當感到威脅，能延展到足以容納各種狀態的體驗。」（註24）

只要進入內心深處，你就能迎接更多完整的體驗。你清理了心靈的空間，所以核心自我有了空間能夠完整浮現出來。接下來你就能用更成熟的方式理解伴侶，而非總是用過去制約的方式與之應對。

如同這步驟的名稱所示，「停止、放下然後停留」包含了三個不同的部分。基本上，你要先停止現在的行動，放下你內心的各種想法，然後停留在體驗中。這三個小步驟能無縫融入更廣大的行動。但是為了達到學習目的，我將拆解這個順序，並花點時間在個別部分，讓你可以了解哪些事是必須的。接著再把它們組合在一起。

在你學習過程中的此刻，步驟二的工作必須由你自己完成，而非與你的伴侶一起。在與他人一起研究之前，先需要時間和空間來了解、探索、解決你自己的感受。你可能要先整理一些尚未處置的記憶。並不是說和別人一起時就無法執行，但那才是你最終必須要做的。在這本書後面的篇章，我們會來看看，如何將這四個步驟運用在與伴侶的相處上。

我希望你先花一點時間了解並整理自己的內在體驗。給自己一些空間來練習與自己共處。越練習，這一切就會越容易。

簡言之，「停止、放下，然後停留」就是將注意力放在新的、有建設性的方式上。

首先就從停止開始。

停止

「停止」並不是要你停止任何體驗，或是去除任何一部分。只不過是停止現在的所作所為，讓步調慢下來，讓事情有可能有不同的發展。這一切就是要中止我們被觸發時所習慣的回應方式，以便能進入步驟二——將專注轉到不同方向。步驟二在這方面與步驟一的結尾稍微重疊。此時，你大概會想問我：「那我現在到底要做什麼？」

藉由停止——辨識並指出你被觸發的時刻——開始放慢步調。

然而，我猜你已經從學習過程中發現，你的神經系統可能仍然不放過你。雖然你的手指已經碰到暫停鍵，但對你來說，用熟悉的舊有模式來處理仍有很強大的拉力。

為何這個拉力這麼強？我的意思是，如果我們都知道舊行為沒有效，為何不放棄？這個問題的答案很明顯。你是否記得在孩童時期所習得關於感受、需求與欲望的教訓？我們的早期設定會出現在情緒體驗非常強烈時。你以前只是個孩子。還沒有發展出管理那些事物的能力。因此，你感覺到的是自我感受的極端版本，伴隨著你最初依附關係受到威脅的強烈恐懼。有研究報告顯示，在深遠的情緒體驗中習得的教訓，非常強大並且持久。因此，出現在你情緒周圍的威脅徵象會非常強烈，因為它來自你非常幼小的心靈。

有一個方式可以讓你看出情況是否如此，就是檢視你所體驗的恐懼內所伴隨的信念。如果你問這項恐懼，它害怕發生什麼事情，是放下防備？還是你會做出不同反應？你收到的訊息可能會類似：「一切都會毀掉」「某人會崩潰」或「你會被遺棄」。如果你稍微拉開距離來檢視這些信念，它們完全沒有任何道理。也就是說，除非你是個孩子，才會受此拘束。年幼的時候，你的想法不會有太多彈性，通常非黑即白，非常極端、絕對。而且你的世界很小，只由幾個人組成而已。對一個孩子來說，失去與某人的連結是令人感覺天崩地裂的——就像面對生死一般嚴重。這恐懼與你的核心情緒體驗糾纏多時，並且出現在已長大成人的你面前。這就是為何表現出防衛心並保護自己的拉力如此強烈，也是為何揮別舊的處事方式，令人感到如此充滿威脅。

如同我們在步驟一所做的，認出且標示出舊有的反應模式，有助於平息痛苦，但是要讓情緒像小船一般乘風破浪前行仍舊非常有挑戰性。如果你可以平息海洋，並使它可以讓你更輕鬆往前移動就一定會有幫助。以下有個簡單、實用的工具，可以有效讓你的神經系統冷靜下來。

當你被啟動，你的戰鬥—逃跑—或不動反應已經準備就緒，你已經被眼前的憂愁給征服。但是如果你能夠擴大意識，接受當下體驗的所有面向，你的視角將變得寬廣，心緒將會變得更平衡、實際。

轉換注意力到當下的感官體驗，這樣的覺察練習能幫你看到痛苦以外的事物，與你的環境有所連結，並感覺更踏實。透過用心關注體驗的中性部分（例如還可以看到、聽到、聞到什麼等），可以對杏仁核傳送出你沒事的訊息，並踩下煞車。你讓神經系統放鬆，也讓自己自由了，如此你就可以採取不同以往的行動。

因此每當你感到焦慮或難過，或是很難克制自己的防衛反應，可以試試以下方法：

讓你可以腳踏實地的工具

將注意力轉換到啟動你的事物上，並花些時間關注所有感官正在經歷的體驗。注意你看到什麼、聽到什麼、摸到什麼、聞或嚐到什麼。舉例來說，注意一下身體坐在椅子上的感受。傾聽環境的聲音，並注意聽到的內容。看看空間四周，注意你看到了什麼。注意在空氣中聞到了什麼。喝一口飲料，感受它的味道如何。當你在做這些事情，描述一下你觀察到了什麼以徹底呈現出所有感受。讓你自己與這些感受有所連結。注意並珍惜你身上發生的一切。

你想要踏實的面對自己時發生了什麼？你體內的力量有任何改變嗎？你感覺更安心或更集中嗎？如果是，就太好了。如果不是，我們來試試其他方式。

注意呼吸是冥想時常見的練習，能夠讓你冷靜下來（註25）。尤其是當我們用很緩慢、有計畫的方式呼吸，就會啟動迷走神經，也就是副交感神經的主要頻道，同時整體神經系統達成平衡（註26）。為此，任何和調節呼吸有關的活動，都是能讓你冷靜下來的有力工具。

我非常喜歡其中一種呼吸練習，且常用於我的個案身上，就是一般稱為「阻抗呼吸」的呼吸練習（註27）。它包含了使用摩擦來讓空氣流動變慢，也微微增加我們的肺壓，這會啟動神經系統冷靜的部分，讓我們得以放慢步調。

以下是你該做的：

調整呼吸

從鼻子深吸一口氣，接著像是用吸管一樣，微噘起嘴唇慢慢吐氣。感覺空氣被擠出嘴巴，慢慢離開身體。重複三四次，從鼻子吸氣，再從雙唇的小開口送氣。這麼做的時候，你會開始專注在呼吸上，這有助你轉換意識。注意這麼呼吸時，身心有什麼變化？你應該會感覺到體內的緊張開始消散，同時舒緩原本瀕臨崩潰的感覺。

能夠調節焦慮非常重要，尤其如果你是那種常會被感受牽著鼻子走的人。你需要能夠把體內的能量冷靜下來，才能將核心情緒看得更清楚。另外一種情況是，你可能很擅於迴避自己的感受，所以當你試著要與它們連結，就開始覺得不舒服。這其實是個非常好的指標，因為這表示你開始靠近你的情緒體驗了。你會需要習慣一定程度的焦慮，因為這是改變必經的過程。不論感受到的焦慮多寡，你的任務就是要想辦法靠近情緒體驗，並且與逐漸上升的瘋狂共存，找到一個可以掌握的平衡。

我剛與你分享的這兩項工具，除了可以帶來冷靜的效果，我尤其喜歡它們可以在任何地方進行。你可以隨時在感覺到不安時（例如開車、排隊、開會工作），或被觸發時立刻進行。兩者的做法都不顯眼，所以你不用擔心進行的時候被別人注意到。兩種都試試看，請找出對你最有效的方式。

請記住，這個階段的練習並非只是讓你冷靜下來，然後開心作結。我們還有更多工作要做！你只不過是試著稍微鬆綁不安，並從更內在的角度專注在情緒體驗上——**停止**，接著是**放下**。

放下

「放下」並不是要改變身體姿勢，例如往下坐到地上。相反的，是要將注意力往內到更深的內心去。主要是放下表面的事件、腦中吵雜的思緒，與體內真正在進行的部分建立連結。也就是要往下移動到三角圖的下方——我們的核心情緒體驗。

想要了解我所說的，可以試試以下練習。閉上雙眼，注意此時有什麼變化。當一切都消失在黑暗中，注意你的內在體驗如何突然變得更加明顯、感覺更加靠近。注意體內能量的變化與此時身體的感官體驗。然後感覺把你自己「放下」到你的體驗中。

少了外界的視覺干擾，就可以讓我們更靠近體驗，感覺像是更完整的安處在內心裡。這就達到你想要放下的境界——保持在最當下的自己，將原本向外的關注改為向內。如著名的伴侶治療師蘇·強生（Sue Johnson）所提出的，你的內心正搭著「電梯」往下到地面層（註28）。

在現實世界中，其實你並沒有做出任何行動。不論是眼睛睜開與否，你的身體都還保持同樣的姿勢與位置。你只是轉換了注意力。你可以專注外界，也可以專注在內心。當你放下，你會開始注意到內在的變化，更加靠近感受體驗。這就是你該做的事。

把眼睛閉上也許能幫你更靠近體驗，但也不一定要這麼做。純粹把視角從向外轉換到向內，就能有極大的改變。

總之，往下觸及內心時，主要的工作就是要停留在當下。別在你的情緒體驗中四處遊走，而是要建立一個新方式與它共存。你需要接受它，要用意識的光照射它。你需要迎接它、為它騰出空間、陪伴它。

停留

當我們在內心把自己下放，就會開始靠近內心運作的中樞。我們將轉而面對被設定成要恐懼的事物，包括情緒、需求和欲望。我們內心深處一直想要否定與隱藏這些感受。它們為了吸引我們注意已經努力許久，但我們從來沒有發現。我們實在是太害怕維持在當下並傾聽它們。我們被太多東西分心，以至於根本沒注意到它們在那裡。

當我們被觸發，我們的本能是轉移注意力，從不舒服的感覺移開。但是當我們這麼做，其實是在延續、循環痛苦。我們的反應像是遇到了危險，不斷反覆加強我們視之為威脅的反射行動，卻從來不給自己一個機會，學習用其他方式面對。

與當下的情緒共處，靠近我們內心的不安，而非反射性的重現那些場景，並達到一個折衷與平衡時，我們就是在挑戰早期設定的漏洞。我們開始揭穿它，解除它對我們設置的恐懼，讓我們擺脫過去，獲得自由。

藉由與情緒體驗停留、共處，隨順其發展，也給它空間呼吸，它就能和我們合作並找到解決辦法。我們會發現，**不是**每件事情都會崩壞、關係**不會**被毀掉、我們的感受**不會**摧毀任何人，當然我們自己也不會被摧毀。我們終於認清自己其實沒有想像中那麼糟。

當你能與情緒體驗共處，並好好觀察它，你就能培養在當下專注於自己、他人的能力。多練習能讓你的情緒體驗發展出不同形式的關係。別把它當作敵人，你可以與它為友。給它一個機會，好好觀察、傾聽它，就如同你關心的人（那些你願意以良善、耐心與尊重理解的人們）感到哀傷痛苦時，你還是願意給他們機會一樣。你也值得同樣的對待。

當你被觸發，你需要更熟悉你的體驗。你必須去了解它、用開放的視野與心胸來看待它。當你這麼做，當你以好奇心與想了解的欲望去靠近及接納它時，你就如同是在重新養育自己一樣。你正在給自己從小就極度渴望的關注，亦即那些能幫助你發展、茁壯的關愛與支持。你現在就能給自己這些照顧。

要怎麼做呢？只要你能停留在體驗中，並讓它得以慢慢展開。

我知道，說比做容易許多。當你覺得不舒服、想要逃跑，或是感到困惑，還要留在原地當然很難。但是你不需要滿懷恐懼地度過這一切（雖然一開始可能會這樣）。培養與你當下體驗共處能力的關鍵，在於放慢事情的步調，讓它變得比較有可能掌握。你已經知道可以用呼吸來放慢體驗。你也可以換到一個參與式的觀察角度，留心運用大腦前額葉皮質區，一邊讓自己停留在這個體驗中，一邊觀察它。你可以藉著關注身體變化來進行——有意識地觀察並向自己描述你的身體感受——並且注意任何伴隨著情緒體驗而來的圖像或信念。這個練習是透過觀察你情緒體驗的組成，使用你上層腦來管理下層腦，以增加你的容忍度——可以停留在強烈情緒中，不至於被它們淹沒的能力——以及讓情緒更順暢抒發。當你在體驗中乘風破浪，你可注意、指出，並觀察它們。

請記著這個目標，同時試試看以下練習：

停留練習一

閉上雙眼，關注自己的內心。想著最近你被觸發到的關係經驗。回想一下發生的情況。鉅細靡遺地在內心想像出所有細節。練習的時候，注意身體產生的變化。找出身體哪個部分感覺到被啟動。專注在那個部分上。停留在那裡。呼吸時把空氣送進去，並給它很多空間。感覺那裡存在的所有事物並試著感受它的性質，然後描述給自己聽。注意在做這件事的時候是否有什麼變化發生。

對當下的體驗充滿好奇，別想要搞清楚事物邏輯的理智層面，而是保持開放地來發現、接納所有湧入的感受。傾聽那裡出現的所有聲音。

試著觀察憂愁以外的世界，看看底下潛藏的感受可能是什麼。問問自己：「我怎麼了？」注意那個會主動現身的事物。注意它會怎麼展現在你身上。看看你是否能辨識並指出你感覺到的情緒（見一五一頁的補充）。接著就盡你所能的留在當下，並讓你的感受在內心移動。在你內心起伏的陣陣能量上衝浪，感覺它們在你內心移動，並與它們共存一段時間，直到改變開始為止。

如果你感到快要被淹沒了，暫停一下，然後專注在呼吸上。做幾個深呼吸，然後把氣慢慢吐掉。運用之前提過的呼吸法，與讓心靈沉穩的工具來幫助調節你的體驗，並讓它更容易被掌控。做所有你該做的事情，以便重回你的容忍之窗，也就是你能停留在感受體驗當下，不去做其他事的時候。找到一個讓你覺得平衡的距離，讓你能關注在當下的感受，但又不會靠得太近以至覺得快被感受淹沒。

如果你很難從當下的情境中抽身，請先把防衛心放到一邊，你可能會好奇，如果這麼做，你可能會害怕什麼？向這個恐懼詢問，別問你的頭腦它期待著什麼。請記住，你的防衛系統是為了保護你而建立。所以試著詢問你的恐懼，它究竟想要保護你免於什麼危險？傾聽它的回答。問你自己，如果卸除所有防備與抵抗，你的感受如何？你可能會怎麼做？你可能會說什麼？究竟會發生什麼？注意你的身體是否有任何一絲抗拒或緊張，若有，請加強深呼吸，把氣送到那些部位。試著緩和它並讓它自由。

> 接著回到情緒體驗並再試一次。想像你被觸發的時刻，並注意當下自己的變化。如果這有幫助，你也可以把注意力放在呼吸上（或是其他中性的焦點中），然後重新回到你的情緒體驗，兩個步驟交替進行。反覆回到你的情緒體驗，與它共存，直到它開始轉變。

感覺如何？你體驗到了什麼？你能停留在當下嗎？這和你一開始以為的一樣困難嗎？這有助於你觀察、描述你的情緒體驗嗎？你能夠辨識出你的感受是什麼嗎？你從你的內在體驗學到了什麼？你有發現任何以前沒有意識到的感受嗎？

這些問題都沒有正確答案，只是讓你去體驗而已。重點是，你要試著停留在當下。這樣你就能增強情緒能力。你正在拓寬你的畜欄。隨著累積更多練習，你的情緒體驗就會越來越清晰。

如果你注意到自己開始分心於思考、評價自己，或是想離開，這些都沒關係。停留在不舒服的感受上本來就很困難，尤其當你的舊有設定不斷告訴你要做相反的事情。你的防衛系統已經準備好隨時要登場，重演它們的老梗。但這裡重要的事是，你已經注意到你很想離開。你開始覺察到你的運作模式，開始意識到自己發生了什麼，而非繼續無意識地被牽著鼻子走。

我正感受到什麼？

雖然有許多詞彙可以用來形容感受，但事實上，核心情緒只有幾個而已。其他的都只是從中發展出來的變化版本。我們最主要的感受就是憤怒、悲傷、恐懼、歡喜、與趣（包含愛）、驚喜、羞愧以及厭惡。雖然任何情緒對我們來說都可能會帶來麻煩，但在親密關係中最容易遇到的困難是恐懼、悲傷、羞愧與憤怒，以及與之相關的安全感、舒服、被肯定、被理解、被同理、支持、尊重等需求。此外，我們有些人還會習慣壓抑天生的活力，所以像是喜悅與愛等，這些與想要被珍惜、被接納、與人建立連結的需求，常常讓我們覺得很衝突。

揭露出真實的時候，你總算能看到，一直以來，你自己是如何無意識地回應你的情緒體驗。你開始看見你以前不斷重複，卻從來沒有發現的行為。當你開始注意到整件事發生的過程，你將不再陷在黑暗混沌中。你正用意識之光照著自己。在這些時刻，你可以用神奇與發現新大陸的心情說：「哇！看看這個！看看發生了什麼？來看我的大腦是怎麼被制約的！」你可以注意到想要逃離當下的衝動，但你必須回到自己此時此刻的當下。每一次把自己導回感受體驗時，你就是在增強與情緒停留共處的能力。這就是練習覺察的目的。

你將會感覺到一些焦慮和痛苦，這是可預期的，特別是如果你習慣逃離這些感受。你正在冒險好讓事情不一樣。你正打開了一道門，打開燈看看是否有怪物躲在裡面。雖然這些看似與直覺相違背，你以為自己是在靠近而非遠離痛苦，卻有助於降低痛苦。拒絕它才是讓你持續痛苦的做法。但如果你靠近、關注它，你的心結將會被解開，曾經千頭萬緒的體驗也會開始明朗化。

不只是眼神接觸

克雷格深吸了一口氣，重新專注他感覺到肚子裡的那股壓力上。他挺直坐著，手放在肚子上，極盡所能地停留在當下。突然之間，他好像顫抖了一下。當他快速把頭轉到側邊，他的肩膀緊繃起來，感覺好像他看到什麼會讓他痛苦、不開心而寧可撇開頭不看的事物。

「克雷格，怎麼了嗎？你發現什麼了？」我問。

「嗯。我……我……哇，這實在是好奇怪。我不知道為何我有這個記憶？」克雷格說道。

「喔，這非常重要。我不確定是否有關。但你看到了什麼？」

「嗯，我不知道。我那時應該是五、六歲左右。晚上，我一個人躺在床上。我覺得肚子很不舒服。我不知道為什麼，也許是壓力。我的意思是，我父母才剛離婚，而且我爸就像個混帳一樣。總之，我在黑暗中躺著，突然覺得好需要我的母親，好想要她的安慰，你了解嗎？」

「你當然可能會這樣覺得。」我回答，與他感同身受。

「但是我實在是……我實在是不想要打擾她。我可憐的母親，她一個人照顧我們的壓力很大，我實在是不想再增加她的壓力了，不想造成她更多困擾，她已經夠辛苦了。但是……那實在是好恐怖。」

「是的，好恐怖。你只是個小孩，需要人來照顧你、陪你，幫你一起度過許多事。我們都需要這樣。」我感覺到克雷格故事中的傷痛。

「因此……我記得我試著按壓我的肚子，看看這樣會不會讓疼痛消失，就好像在做仰臥起坐那樣。我想那樣做。我想讓肚子緊繃好使痛苦消失。」

「克雷格，我覺得這些聽起來好哀傷，當你需要愛與關懷，你孤零零一個人，覺得必須讓自己的感受消失。」

克雷格痛苦地看著我，眼中的淚水開始滑落到雙頰。

抵達源頭

當克雷格開始探索，當我們試著停留在觸發我們內心的感受，通常能引領我們到源頭——那些我們此刻正在體驗，卻來自久遠過去的依附傷痕。此時，就好像我們的情緒打開了一個通道，讓我們能看到過去。藉著停留且開放地面對我們的內心，奠定我們內部運作模式基礎的情緒體驗就會開始現身。迷霧散去，那些強而有力的記憶就會浮現出來。

當我和個案開始探索觸發他們的情緒體驗，我在他們身上看過許多這樣的結果。屢試不爽地，他們總會驚訝於某段記憶沒頭沒尾、莫名其妙地出現。雖然看起來像是這樣，但其實並不是。那些他們浮現的記憶，就是當初第一次觸發他們的時機，也就是他們學到的情緒教訓，那些經驗通知了他們的杏仁核要做出反應。總歸來說，我們可以把他們的反射行為循線追溯到那些早期體驗，也可以從反方向理解回來。他們此時此刻所有的感受與信念，都是那時的體驗延續到現在的迴音。

但大致來說，我們不習慣往表面之下探索。我們通常只會注意觸發我們的事物。我們注意眼前的人，而不會看著自己的內心。我們沒發現過去已經滲透進現在，並影響所有我們看到與所做的事。但當我們往下探索到內心深處，並與體驗停留共存一段時間，就能和那些增強我們反射行動的記憶面對面。如此一來，我們被觸發的狀態，借用佛洛伊德的說法，就是「通往潛意識的康莊大道」。

當克雷格待在他的感受中，他對莉蒂亞突然暴衝的反應逐漸浮現出來。我們可以將他的反射狀態，追溯到一個害怕需要別人的小男孩身上。這個小男孩被父母親離異、父親缺席與冷酷作為所衝擊，害怕他脆弱的世界會瓦解。僅僅一瞬間，他的父親就消失了，他的母親會不會也做出一樣的事呢？他孤單地躺在床上，渴望母親的愛與關懷，卻又擔心會太麻煩她，那他該怎麼做？在他幼小的心中，他的依附需求可能帶來危險，他覺得那只會帶給他失望和痛苦。他的方法就是讓那些感覺過去，壓抑住他所有感受、需求和欲望，一個人度過。他找到了面對問題的方法，但卻不是選擇去「感受」。

直到過了許多年的今天，克雷格的神經系統仍然被相同的規則給掌控。當與莉蒂亞親密的可能性出現，他的瞬間反應就像是遇到危險一樣。他的內隱記憶提醒他過去那些當頭棒喝般的教訓，就好像是他心裡的小男孩出來警告他，不可以對任何人有需求——**別讓你自己太靠近任何人，你會受傷！**克雷格因此不假思索地回應，瞬間進入備戰狀態，不假思索地把莉蒂亞往外推，以保護自己——或其實是保護他內心的小男孩，以免遭受到危險。

但是當克雷格進入內心且停留在他當下的體驗，那些隱藏的記憶一個個浮出水面，進入他的意識中。他可以看見並與內心的小男孩接觸。那個孩子仍舊躺在他的床上，想把他的感受通通趕走。他開始見證這些他小時候感受到的渴望、恐懼與痛苦，那些在他內心找不到出口的感受，那些他學會壓抑和逃避的感受。當他保持在當下的體驗，這些過去沒有被解決處理的感受就開始被釋出，並在他心裡游走。

當我們被觸發，就好像年幼的自己被啟動一樣——那個學會要對自己的感受、需求與欲望感到恐懼的孩子。我們幼小的自我停留在那個時空，仍舊緊握著那些應該被感受的感覺，仍舊期待會有人來拯救自己，讓自己從束縛中自由。

為了要讓內心的情緒風暴冷靜下來，我們必須關注觸發我們的源頭，到達過去發生傷害之處。我們必須找到內心那個仍被慣性束縛的小孩，那個仍舊背負著未解感受的沉重負擔、需要與欲望還沒滿足的小孩，並讓他或她自由。

我猜你現在可能對自己內心有個被困住的小孩概念感到有共鳴，或是你已經要翻白眼了。如果你覺得這個概念有道理，那請坐好繼續待著。如果你覺得這太詭異或愚蠢，我也可以理解。很多年前，當我聽到心理諮商師及自療大師約翰·布萊蕭（John Bradshaw）在他的公共電視台節目上提到關於「治療內心的小孩」，也有類似的反應。我對他在節目上提到的大部分內容都非常欣賞，但唯獨無法理解這個概念：我內心有個受傷的小孩，需要被關照。那時候我覺得聽起來很做作虛偽，讓我覺得很不舒服（也許這已經是個跡象了）。

多年後在心理治療時，我開始比較能夠開放地面對我的情緒體驗了，我才開始從根本理解到布萊蕭想表達的意思。我發現我的內在有許多來自過去、被置於幽暗邊緣多年的感受，那些等待被傾聽、看見、尊重，並需要發洩出口的感受。

當我准許自已感受，以及藉著與充滿關懷的治療師分享來抒解那些感受時，我的內在體驗就開始轉變了。我對於那個年幼曾經歷過那麼多事的自己感到同情，而且很想要安慰他、照顧他的感受、平息他的恐懼、尊重他的憤怒，並設身處地地對他的痛苦與羞愧有所共鳴。當我這麼做，過去就回到它該在的位子上。而我更能感覺到那個成年的自己。

事實是，當情緒體驗被壓抑，當它們該被解決卻沒被解決，它們就會被困在我們的心底，無法離去。這就是為何我們會被觸發。因為那些超過我們此刻所負荷、被觸發的強烈感受、信念、認知，以及期待，仍舊活躍於我們所有過去記憶的情緒中。

雖然在成人時期、充滿愛的伴侶關係可能療癒大部分的情緒體驗，但有些記憶，以及人與生俱來的感受和信念，可能會持續緊鎖在我們的防衛系統裡面。這種情況下，它們就不可能得到關注、愛以及關懷。在我們人生中，我們的伴侶或其他人原本可以帶給我們這些感受。但是由於我們拒絕承認那些感受與體驗，以至於它們被封印且無法改變。那些我們「知道」但可能沒感覺到的感受，其實可以告訴我們，自己是有價值的、**是**被愛的、被關懷的。

舉例來說，克雷格有一部分仍然害怕相信莉蒂亞。雖然所有證據都顯示她是個善良的好人，但是在心底，他仍然對敞開心胸、讓別人靠近有很深的疑慮。

但是請不要忽略我們內心的確住著一個小孩。那是個概念。意指，有很多糾結的情緒狀態儲存在我們的內隱記憶中，需要被提出來好好了解，因為一旦我們被觸發，防衛系統就會自動被啟動。

我們的某些記憶一直都被警戒線圍住，隔絕於其他人生體驗之外，除非我們找到方法鬆開我們的防衛系統，這樣才可能將療癒的光線照進我們內心，驅走黑暗與痛苦。我們必須想辦法打開通往過去的門，這樣才能讓過去從我們的情緒關卡流出，並離開。我們可以藉由照顧內心的小孩來做到這點。

將你受苦的原因看成來自幼小的自己，有助於在這些情緒狀態被激起時，讓你還能停留並關照它們。當你被觸發，不要過度認同那些內心啟動的情緒，可以換個做法改為觀察並開始理解它們，就好像它們只是由部分的你所產生出來，而不是完整的你。這樣一來，你就能更有效地解開過去對現在自己的束縛（把幼小的自己從成人的自己中解放）。此外，藉由理解之所以讓你憂愁的原因來自於年幼時期，而不是現在的你，你可以更容易用同理心與善意接近它，而非充滿挫折與戒心——這些都是成年自我常常感覺到的傾向。

情緒被觸發其實是個禮物。你受傷的部分正在亮起閃光，讓你可以注意到他或她。如果你可以找到你內心的小孩，你可以好好照顧他或她。你可以支持那個小孩，也可以照顧他的感受，你可以減輕他所受的苦。藉由停留在情緒體驗中，你可以揭開你陷入掙扎的根源。你的不舒服，是另一項對你情緒旅程非常重要的路標，這個路標指向讓你情緒自由的道路。

當你停留並與情緒體驗共存，且打開你的心、迎接那些內心尚未得到解決的感受，你就可以解除那些被壓抑、啟動你神經系統的能量。你可以開始解除那些一直都在觸發你、埋在內隱記憶中的地雷。

停留練習之二

回想你近期的關係體驗中，你曾被觸發、而且現在只要想到仍隱隱刺激你的體驗。你可以回到前一個練習所使用的體驗，或是用別的事件。在腦中描繪出你所苦惱的景象。然後閉上雙眼進入內心，找出身體部位中哪裡感覺到被啟動。

專注在你的生理體驗並給它一點空間。注意你這麼做的時候發生了什麼。去感覺你的情緒體驗。看看你是否能辨識並指出你當下的感受。那些感受是否伴隨某些畫面呢？是否隨之出現哪些想法呢？你有注意到任何負面的信念（例如「我是壞人」「我完蛋了」「我不相信任何人」「我會受傷」等等）嗎？只需要對你的體驗保持開放，等著看會發生什麼。

接著，當你專注在感受體驗，可能會伴隨有畫面與信念，追溯整個體驗最初發生的時間。不要思考。你不是要用腦袋搞清楚而是要打開心房，並追隨著這些感受、畫面與信念，走得越遠越好。練習的時候，注意有什麼東西進入你的意識。你可能會問自己，這是從哪兒來的？它究竟會走多遠？感覺起來是多小的時候？然後等著看會發生什麼。

深入檢視你情緒體驗的核心，看看會發現什麼。你能夠即時發現它嗎？你能夠看見那個一直抑制這些感受的小孩嗎？他或她怎麼了？她在抗爭什麼？什麼讓他覺得害怕、悲傷、脆弱，或是不被愛？什麼讓她覺得羞愧、憤怒或傷心？當你看到這個孩子與他的體驗，你感覺如何？你能尊重他或她的感受嗎？

注意你的情緒是否有任何變化。對任何可能性保持開放。讓你自己感受。讓那個你心裡的孩子感受。讓那些感受有充足的空間被感受、在你心裡移動、被消化。陪伴它越久越好，端看它需要多久時間。花一些時間來回想你發生了什麼、你體驗到什麼、你發現了什麼，以及你學到了什麼。

照顧你自己（或是當你自己的父母）

當你陪伴自己的情緒體驗，給它呼吸的空間，讓它在你體內移動或流動，你就是在關照自己原本的痛苦。你將消化、解決那些糾結的記憶或情緒狀態，並脫離它們的掌控。你讓心裡的小孩擁有他自己的感受，並見證整個過程。如心理學家理查・史瓦茲（Richard Schwartz）所解釋，我們讓心裡年幼的自己，從那些他們一直背負的極端感受與信念之中「解除負擔」（註29）。簡言之，我們正在治療自己。

有時候你只需要這麼做。有時候則需要往下到內心深處，讓自己感受那裡有什麼可以讓你的憂慮來源冷靜下來，並得到治療。它會讓現在的你從過去中獲得解放，並且用比較清晰的角度看待當下的事實。但是有時候，你的內在非常固執。有時候它需要更多關注。當出現這情況，你可能需要了解，那個困在你心中的小孩需要什麼，才能從它的束縛中解脫、獲得自由。你可以運用想像力來幫助他／她，滿足他們的需求。

讓我們回到克雷格的故事，你可以看看這個過程大致如何。克雷格看著被激起情緒的回憶時，他看見幼小的自己，不開心地躺在床上，需要被安慰、被擁抱，以及被支持著。他需要知道他是被愛、會被好好照顧的。依循這個概念，克雷格可能會想像見到幼小的他，坐在他旁邊，握著他的手。他可以讓那個小男孩知道，他看到他的痛苦、了解他的恐懼，並且對他所經歷過的一切有所共鳴。他可能可以揉揉那個孩子的背，或是把他抱在懷中，告訴他自己有多愛他。一切感受都是正常的，他不需要隱藏或是對此感到羞愧，更不需要認為自己是個負擔。克雷格可能可以想像他自己正躺在一個小男孩旁邊，抱著他直到他睡去。

現在你可能會在心裡默默想著，這樣想像情境又不是真的，不可能會造成任何改變。嗯，這的確不真實，但是如果你真的這麼做了，將能用同樣方式啟動你的大腦，就好像是真的一樣（註30）。相同的神經元會開始運作並連結彼此，建立出新的神經網絡。因此，想像能夠改變你的大腦結構。藉由想像出滿足你小時候情緒需求的療癒場景，你就能建立全新的、以依附為基礎的內在運作模式，並重新建立你大腦的程式設定。所以不要阻止你自己去嘗試。

但是當我們在進行想像時，需要滿足一個要求：那些體驗必須被你所感受。你需要從情緒層面來進行整個過程。如同你所知，內隱記憶是儲存在大腦的右半邊。如果你想將它們敞開來，並整理消化它們，你就需要運用大腦右邊的運作流程，不能用邏輯或理性來運作。你必須注入情緒，必須包含體驗，必須感受，這才是關鍵。記住，足以改變我們的是那些新的、豐富的情緒體驗。

用這個概念試著做下一個練習。

想像的關懷練習

請回想某次被觸發，現在還覺得有感的關係體驗。你可以使用之前拿來練習的體驗，也可以用其他的。在心裡描繪出讓你難過的事物，接著閉上雙眼進入那個情境。感覺身體哪個部位被啟動。

跟著感受回到過去，找到內心那個受傷、受驚嚇、憤怒或悲傷的小孩。透過成人的雙眼，看著這個你記憶中的孩子。即便覺得難以想像出具體的樣貌也不要緊，只要想像以下提及的任何一種對你有效的情況即可。最重要的是集中情緒，專注在感受體驗上。

問你自己，這個孩子需要什麼？要怎麼做才會讓情況變好？也許他需要有人緊握住他的手。也許他需要有人理解、正視他的痛苦、悲傷，或憤怒，與他有所共鳴。傾聽他，告訴他自己是被愛的，現在的他很好，一切都會沒事的。或許他需要被帶到一個有安全感的地方，知道自己是受到保護的。也許他只是需要一個擁抱。請傾聽你的心，讓它引導你。你的心其實知道你內心的孩子需要什麼。你知道怎麼做會讓情況變好。

知道心裡的孩子需要卸下的負擔是什麼後，請想像成年的自己去做這件事。想像成年的你用這個孩子真正需要的方式關懷他／她。幫助這個孩子感受到他自己、見到想見到的、聽到想聽到的，讓他知道自己是被關心也被愛著的。給予你內心的小孩可以從你身上得到的所有東西。請感覺這個孩子的感覺，想像如果情況是這樣會如何。讓你自己感覺一下，若從成人的角度去支持那個孩子，你的感覺會是如何？讓所有感覺流動。去深刻感受你的體驗。停留在你的感受上，不論這需要多長時間。

如果你覺得要直接感覺到幼時的自己很困難，就請試著想像這個記憶中的孩子不是你自己。若你有小孩，或是有兄弟姊妹，或是你的朋友有小孩，請想像，如果他們這樣受苦，你對他們有何感受？注意你內心的感受，讓自己與這些感受共處，讓感受變得深刻。接著想像將這些感受傳遞給幼小的自己。

相同的，如果你覺得想像成年的自己支持那個小孩很困難，也可以想像別人。在內心描繪出一個理想中的父母形象，可以是真的或是想像中的，這對父母所擁有的特質能夠滿足這個小孩所有需求。請想像一個能支持你內心孩子的父母角色。

感覺如何呢？你能夠想像自己如何支持幼小的自己嗎？如果可以，感覺如何？你的體驗有產生變化嗎？改變了你內心的感受嗎？

也許你覺得運用這樣的關懷來滿足自己年幼的需求非常困難。也許你覺得想像年幼自己的感覺很困難。事實上，這些情況都很常見。很多人都覺得，要與年幼的自己有共感相當困難。同時，也有很多人無法與成年的自己有共同感受。悲哀的是，如果年幼時沒有受過細心的關照與理解，或是如果未曾感受過被重視、被尊重、被愛，那就很難讓我們有能力用關懷的方式來對待自己。我們沒有任何參考的範本，也沒有任何內部運作模式來了解所謂的善待、同理自己是怎麼一回事。我們缺乏內在的聲音告訴我們：「我們沒事，我們會沒事，我們是有價值、可愛的，以及我們並不孤單。」簡言之，如果我們沒體驗過，就很難想像這是什麼感受。如果我們曾體驗過，對內心來說，將是非常重要的資源，因此我們才要這樣做。

此外，防衛心可能會是我們的阻礙，讓我們在面對幼時的自己時，什麼也感覺不到，或是更慘，我們會覺得充滿挫折、嫌惡，或鄙視。為什麼呢？你可能會想問。有些人從早期人生體驗中學會習慣責怪自己，或是不正視自己的感受。在童年時，我們預設或得到訊息：如果和我們的照顧者之間相處不順利，像是不被照顧或是受到不好的對待時，一切都是我們的錯。所以我們認定，如果可以控制自己、如果能夠矯正自己，那麼父母就會對我們好。情況就會改變。

如果你就是這樣，也許你以前就會想像並期待他們對你的態度會變得不同，例如能夠滿足你的需要、能夠用你想要的方式愛你。在某種程度上，也許這個方法是有用的。也許這樣能帶給你少許的安全感，能讓你不被痛苦與悲傷的感受所淹沒。

問題是，這個方法建立在一個錯誤的假說上。你的父母無法滿足你的需要，或是沒有對你好一點都不是你的錯。你不需要為他們的行為負責。你只是個孩子。但就像其他你在早期發展出來解決事情的方法一樣，這可能會持續下去。你可能會繼續苛責自己，你可能會持續覺得自己不好，你可能會一直批判並責怪自己。如果你是這樣，想當然爾，同理自己將會非常困難。

但這並不表示你無法發展這個能力。畢竟，對事物產生共感與同理是人與生俱來的。你生來就有能力可以這麼做，這是讓你可以與他人連結的工具。你只需要放下一點防備，在內心找到它，並好好培養它。同時，你也必須准許自己接受它。

如果你覺得感受年幼的自己很困難，或是你糾結在負面情緒中，那可以來試試下面的練習：

負面信念練習

在腦海中想一個針對自己的負面信念，可以是你認為或是想對自己說的（「我真是失敗」「都是我的錯」「我什麼都做不好」）。把這些寫在一張紙上，然後想像一個你認識的孩子，一個你關心的孩子，並對他／她說這些話（「你真是失敗」「都是你的錯」「你什麼都做不好」）。試著大聲唸出你列出來的話語，好像你正在對一個孩子說話。

感覺如何？說這些話時的感受如何？你覺得一個孩子聽到這些時的感受如何？事實上，你可能連要對一個孩子說出這些話都會覺得相當困難。你可能根本做不到。因為那些話感覺太尖銳又不公平。然而，這就是你對待自己的方式。這就是你對待你內心那個孩子的方式。花一點時間，用心慢慢理解這點。注意你的感受，接著問你自己，你要用這樣的方式陪伴你內心的孩子嗎？我猜答案會是否定的。所以請想像怎麼樣的父母才能療癒這個心結。這不就是你想成為的人嗎？

練習、練習，再練習

這個章節內有談到許多重點。我希望能提供一個粗略的框架給你，讓你可以試著根據不同需求，搭配我分享的各種工具來運用。並不是在每次停止、放下，與停留時，都需要做到所有提到過的元素。有時候只需要注意自己的內心，給它一點空間來區分自我與被觸發的部分，這樣就足夠了。觀察內心被啟動的部分，就能讓自我自由，讓我們能用更健康正面的方式與伴侶相處。但也有時候，我們必須做更多功課。心結造成的傷痕太大，所以需要更多時間和努力來修復。

我們停留在情緒體驗的能力，不會一夕之間突飛猛進。畢竟我們要做的事是挑戰現況，建立新的基礎。我們要學習如何更有意識地關照我們的內在體驗，培養用不同方式與自己共處，所以會需要一些時間。

但是我們每天都有許多機會可以練習。按下暫停鍵，讓事情緩一點，然後停在內在體驗中，了解一下內心的變化。在做出反應之前，了解、整理一下體驗。如果能稍微留心些，其實能練習的機會有很多，而我們正需要這麼做。就好像我們常說的，要「練習、練習，再練習。」

現階段的首要目標是要讓我們在被觸發時，內在被啟動的部分能冷靜下來，讓我們能先看清楚自己到底怎麼了，如此我們才能在關係中有更多選擇，並更有自覺。我們的長期目標是要持續加強技能，照顧並療癒內心的傷口，並解除過去的制約，得到自由。

我們不一定需要被完全治癒才能有更好的關係，這並不實際。但是當我們能夠與情緒體驗共處，並且有效地回應它的不同面向，在關係中就能展現更好的自己，也能更有技巧地理解伴侶。我們將能夠以成年自我的心態與他們對談，而不是用那個被情緒淹沒、嚇壞的孩子的雙眼來看待一切。

事實上，這就是克雷格所做的。當他更清楚自己的狀態之後，他試著冒個險，做出不同的行動。當他從諮商面談回到家，他看得出來，莉蒂亞還在為了最近的摩擦感到受傷。若是以前，克雷格會保持距離並等到事情自行解決，期待這些最終會消失。而現在，他試著和莉蒂亞聊天，告訴她在我們的面談中讓他發現了什麼。他學到哪些關於自己的事情、他如何在害怕的時候攻擊別人，他與莉蒂亞分享了一些他的過去，然後解釋為什麼在她面前展露脆弱的一面會讓他感到如此不安。奇蹟發生了。莉蒂亞軟化了態度。她感激他敞開心胸，也與他有同感，並告訴他自己能理解。他們之間原本可能會持續數日的緊張氣氛消退了。克雷格告訴我，他覺得鬆了一口氣，也覺得這樣與人連結的感覺非常好。他真的感覺到與莉蒂亞更親密了。

雖然克雷格還有很多功課要做，但是他已經開始改變。他讓自己從過去中解放並獲得自由，進而發展出新的、更健康的方式來理解自我與伴侶。我感覺，他和莉蒂亞之間可能可以一起創造出更美好的事物。

章節筆記

- 當我們被觸發時，內心被啟動的情緒能帶領我們進入內隱記憶。
- 我們越能與情緒體驗停留在當下，將能越來越熟悉、掌控我們的感受，而且這些感受將不會對我們造成威脅。
- 當我們停止、放下並停留在感受上，我們就擴展了內心的空間，得以容納情緒體驗的各種面向。

- 把注意力轉換到當下體驗的中性部分，並緩和呼吸，這有助於規範情緒體驗。
- 向痛苦靠近而非逃離，才能有助減輕痛苦的程度。
- 當情緒體驗被抑制，或是被置之不理，它們不會就此消失，反而會成為之後被觸發的原因。
- 停留在情緒體驗的當下，將有機會解開我們糾結的回憶或情緒，以解除它們所帶來的影響。
- 想像一個療癒的場景，以滿足我們早期的情緒需要，減緩我們一直以來的痛苦，並創造出新的神經迴路來支持這個更健康正面的詮釋。

Chapter 5

步驟三：暫停並反思

「人類的自由包含我們能暫停、選擇一個回應方式，以捨棄我們希望捨棄的重荷。」

——羅洛．梅（Rollo May）

寶拉決定要在她的午餐休息時間散步，轉換一下心情，期望新鮮空氣能讓她的腦袋清醒。一整個早上，她的情緒都像在坐雲霄飛車——一下子覺得她的丈夫艾文很煩，然後又質疑自己，感到焦慮、憂愁。她不斷想起昨晚他們的對話。嗯，不全然是對話。

寶拉一直很想和艾文討論，關於她覺得和他距離有點越來越遠這件事。他最近一直都埋首於工作中，兩人幾乎沒有時間相處，當他們在一起，他又會一直分心，或是累到無法做任何事。她覺得在這段關係中很孤單已經有一陣子了，希望可以和他有更深刻的連結，就像以前一樣。但是當他們總算有機會可以聊聊，話題總是會如預期的轉向，艾文會開始說一段很長的獨白，表示他最近工作壓力很大，質疑寶拉為什麼無法體諒他，還一直給他更多壓力。

當寶拉聽到他這麼說，內心不禁一沉。她以前也曾在這條路上，每次她試著要和艾文討論他的工作行程，並找出時間讓兩人共處，但是他都會充滿防備與抵抗。事情總是莫名地會被扭曲，結果反而是寶拉充滿罪惡感，並為了自己不夠體貼以及不理性而道歉。

艾文越說，寶拉越覺得挫折。她實在很想脫口而出：「這不是為了你！是為了我！是為了我們！你不知道嗎？」但是當她準備要說出她的憤怒，她感到一陣熟悉的焦慮向她襲來，因此打消念頭。她感到害怕，害怕自己失去控制，害怕也許會發生不好的事。接著，質疑悄悄爬上她心頭。也許她以前對他也不是非常公平？也許她**以前**要求太多了？「**他已經盡力做到最好了**。」她試圖這麼說服自己。

艾文沒注意到寶拉的雙眼開始放空，也沒注意到她內心某處燃燒著火焰。甚至寶拉自己也完全沒注意到。

寶拉走了出去，穿過街道，走到辦公室旁的公園，然後在一張野餐桌旁坐下。她拿起午餐袋中的三明治，才剛打開，卻又放下。她感到很難靜下心來吃飯，於是轉而看向遠方的樹，並再度想起艾文。**我一直都陪在他身邊。為什麼我的需求就不重要？**

為什麼他不能偶而稍微把工作放一旁，為我們挪出一些時間？她的臉開始發熱，下巴開始緊繃，內心想著：我要求得太多了嗎？

當寶拉想得更清楚後，就下定決心，當晚下班回家，要試著把與艾文之間的事情導到她想要的方向，而且這次絕對要堅守自己的原則。但是當她腦中浮現他的臉，並想像她堅定地為自己發聲，她的胸口就緊繃起來。她剛才感覺到的那股力量，似乎瞬間消失無蹤。那一瞬間，她覺得自己像個小女孩，害怕如果她為自己發聲，可能會有壞事發生。為什麼這對我來說會這麼可怕？寶拉閉起雙眼思索，試著與內心的恐懼共存，試圖擊敗它，不讓它掌控自己。接著，出乎意料地，她的腦中浮現出她母親皺眉發怒的臉。一切的答案突然變得明朗化。

來自過去童年的鬼魅

寶拉的大腦舊迴路被她與艾文的經驗給觸發了。看起來是他不夠敏感細心，又太埋首在自己世界裡，因而點燃了寶拉的憤怒，所以，她的早期設定就出現了。寶拉內心的警鈴大作，告訴她現在深陷危險中，並該適時作出行動，也就是關閉情緒的艙口，並安靜地等待風暴過去。她舊有的內部運作模式提醒她，即便是正向的憤怒，也會帶來否定與蔑視，因此寶拉壓下自己的感受，就像她小時候為了要與母親建立安全連結那樣。

如果寶拉可以意識到事情的真相，也就是她感覺到的威脅感，其實是來自過去，和現在一點關係也沒有，而且如果她能給自己一些空間去探索她的反應，也許就有機會解開她心中的糾結。她或許可以讓自己從恐懼的掌控中獲得解放，並得到勇氣來嘗試做出新回應。然而，她完全是無意識地回應，遵循著早已過時的內在運作模式指示。但是就如同我們每個人被觸發時一樣，她的神經系統開始發出警訊，堅持她的核心自我受到騷動，因此必須讓她意識到。但現在她的環境狀態已經不同，事情需要有所改變。

最後，事情幕後的真相終於被揭開。質疑與內在的檢視，顯露出她憂愁的根本，那些阻止她表達需要、勸退她要為自己發聲的恐懼來源，在在提醒她要避免破壞最重要的關係（至少這是她的神經系統所預期的）。

在如此短暫的幾秒之間，拼圖缺失的一角展現在她面前，那些能幫助寶拉揭開謎底的關鍵線索就在眼前，不但讓她了解自己為何掙扎，也能讓她提昇自己到更好的境界。她能利用這些線索嗎？她能將它們拼起、讓自己開始遠離過去、帶著更平衡與多元的自我面對此刻的情況嗎？或是那些只會成為腦中閃過的想法，消失在焦慮與憂愁的雲霧之中？

內省與更多

在步驟二中，我們主要專注在提供更多空間給情緒體驗。我們先放下思考，努力與當下的感受共處——給予它們一些自由、照顧它們，並與它們一起移動。我們踏上體驗的旅程，幫助自己與那些疏遠的部分——那些在我們早期依附關係中被忽略的感受、需求，與欲望——重新建立連結。那我們現在可以怎麼做呢？

為了要抵達我們感受之林中的空間，必須花些時間反思我們的體驗，並充分了解我們的發現。我們需要後退一步、查看一下狀態，並思考自己從各種情緒動態中學到了什麼。我們必須花些時間來了解自己的情緒體驗、珍惜它帶給我們的衝擊，傾聽它想對我們說什麼。而且我們必須弄清楚，回應父母最好的方式是什麼，並將之運用在伴侶關係中。

這就是步驟三的工作，「暫停並反思」，自省——檢視、深思，並珍視你的體驗——是增強你繼續療傷並成長的燃料。這種自省與深層的理解，不同於我們在步驟二努力要先放下的思考。接下來會有更清楚的解釋。

如同你所知，內省這件事並不能讓我們瞬間改善多少。我們當然很清楚為何自己會做出一些有問題的舉動，但是這並不會讓我們能輕易地不繼續這麼做，或是改變我們的行為。這就是為什麼我一直非常強調與自己情緒體驗共處的重要性。我想要幫助各位從基本開始改變——也就是那些深植在你真實情緒中、會隨著時間流逝而加強的那種改變。

如果只是體驗，卻沒有好好理解，並不會有太大的助益。畢竟，如果我們沒有暫停並花時間反思，我們就不會知道自己有某個體驗，更不要說從中學到什麼？

反思自己的體驗有非常多好處。藉著後退一步，看看自己內心什麼部分被觸動，並且徹底思考我們的發現，同時反思，能幫助我們重整所有情緒中最重要的核心感受、需求與欲望，用全新的話語來感覺自我。我們將能更準確地看出過去的內部運作模式如何掌控現在的關係體驗，並限縮了可能性。我們最好能夠發掘出內心的情緒弱點，那些讓我們容易太敏感而被觸動的弱點。那麼我們就能更清楚地理解，究竟是什麼在阻礙我們與人發展出良好的關係。

當我們清除舊有迴路中的靜態變數後，反思能幫助我們轉換、擴展視角，讓我們能夠更客觀地看見自己、伴侶，和我們的關係動態。透過找到勇氣來與當下的自己共處，接納並承認那些一直逃避的感受、需求與欲望，我們就能進入內在資訊中心。

反思幫助我們能更珍惜與理解核心情緒體驗，能讓我們更清楚得悉與真實自我接觸而來的智慧。然後我們就能思考制訂與我們的意圖與價值相符、更有覺知的行為方針，以讓我們能與人有更好的關係。

反思我們的經驗還能加強治癒我們的情緒經驗。當我們重新拼湊出之前被忽略的自己時，就會出現新的感受。例如，為了以前我們無法恣意做自己而感到哀傷，因為一直以來我們都畫地自限，無法施展出完整的潛能。我們也可能會對這樣的自己感到憤怒，因為早期設定致使我們無法獲得想要的關係。此外，我們也可能會有同情自己的情緒，但也可能會有一點成就感或驕傲，因為現在我們總算做到了之前一直逃避不去做的事。我們也可能會感到精力充沛，或是興奮於事情的轉變，自己總算能做出不一樣的選擇。

如心理學家黛安娜．佛莎（Diana Fosha）所解釋，所有的感受都是我們正在痊癒、轉變，以及正在將情緒體驗帶到更健康與完整狀態的象徵（註31）。我們正在以真實體驗為榮，同時更徹底整合新發現的情緒能力。我們正在將自己從早期程式設定的束縛中解放出來（註32）。我們感知到自己的能力變得更深刻，生命的故事因而更加開闊，也變得更流暢。

在神經生理層面，當我們反思情緒體驗，當我們想著它或是企圖要了解它，我們就進入了一個境界，我們透過反思把兩個不同的大腦部位連結起來，並且把情緒相關的知識整合至記憶系統中。在這個過程中，我們曾經固執且受限的內部運作模式會開始重新調整，變得更加有彈性。新資訊被導入我們的神經網絡，我們早期習得的負面感受、信念與知覺，將開始鬆綁情緒。韁繩開始鬆綁，允許我們有更多的情緒與行為得以選擇，讓我們更自由，因而能把完整又最好的自己帶入關係中。我們原本的依附類型就會轉往習得的安全型依附類型，並且支持我們的發展。

但是大腦需要企圖心、時間，以及注意力來重新設定。如果沒有一開始就好好按下停止鍵，好好去感覺體驗，我們將無法藉由這一切努力來獲得這些好處。如同心理學家瑞克．韓森（Rick Hanson）指出，藉著反思而習得的事物——有意識地保持並專注於我們的感受——我們就給了神經可塑性一次能施展的機會（註33）。我們要確保所有體驗產生的更新，都下載至我們大腦的神經程式中。簡言之，我們要利用意志來改變自己的大腦。

我認為花一點時間來反思是值得的，畢竟，如果不把新體驗加以下載，更新有什麼好處？好好思考曾經的那些情緒體驗，同時保持與自己情緒有所連結，不只能加強對自我的了解，還能強化我們的學習。反思不是靠大腦的運作，而是能確實從感受出發。從下到上的反思能提供穩固的平台，讓我們的關係能進入下一個階段，變得更好。這和我們所想要的其實是同一件事。

反思我們的體驗並非步驟三所獨有的。我們可以運用反思的技巧，貫穿整個四步驟流程。當我們能退一步觀察體驗，我們就是在反思。我們正在運用大腦前額葉皮質區來好好觀察並理解我們的體驗。甚至，在整個四步驟流程中，這種參與式觀察立場都是最重要的，因為當我們在體驗與觀察之中來回切換，能有效活用大腦不同區域。在這個步驟中，我們比較著重在反思。簡單來說，有了體驗之後，現在你該來好好反思一番。

當我們在關係中即時進行這四步驟，我們可能縮短花在反思體驗、想出如何才是回應伴侶最好方式的時間。例如，我們注意到自己被觸發了，辨認出我們的狀態，然後在有覺知的地方做出回應。在其他時刻，我們可能需要更長時間。在我們能以更趨近內心、成熟的方式來與伴侶相處之前，也許需要一點空間才能進入到內心，並關照內心的傷口。

事實上，反思我們對自己的了解，是一段沒有完結的過程。相反的，隨著時間只會越來越深入。畢竟，進行反思時，我們並不是在反思單一的時刻，而是反思我們一直以來怎麼整理思路、怎麼被人生中的早期體驗影響，以及任何這階段所想到的事物。

這有點像去外國旅行。我們離開了習慣的作息與熟悉的環境，在不同的全新世界冒險。一開始會有點不安，但是又充滿刺激與興奮。旅行時，我們會產生印象深刻且長久的體驗，甚至回到家後仍留在我們心裡。我們會回憶旅程中的點滴，而當時所產生的感受就會再度浮現。我們會想著旅程中的發現，以及關於自己的新發現。當反思的時間越長，我們越了解更多關於我們的體驗如何改變我們，以及我們看世界的方法。

這就是這個步驟要做的。也是我們所想要的。

那麼，你要怎麼做才能讓自己開始有所反思呢？其實，當你靠近情緒體驗時，你就戴上了所謂的覺察帽子了，此時可以開始思考你發現了關於自己的什麼，以及你所學到的事物。你可以問自己一些問題來理解你的體驗，並加深這個理解。然後你就可以把片段組合出一段敘述，以幫助你說出自己的故事。

當下的視角

你已經展開了自我探索的旅程。藉著發現你被觸發的時刻，並進入內心關照情緒的變化，此時你已經開始觸及到深層的自我，也就是你可能未曾注意到的，就近在眼前的自我。現在，你所體驗的景色，看起來都不同了。前景和背景對調了。事物可能有點不確定，而你也可能感覺有點搖擺不定。這是預料中的。某種程度上來說，塵埃並未完全落定。但是充滿覺察的自省能夠幫你找到立足點，而且體驗三角圖能引導你把碎片一一拼起。

總之，你情緒體驗中的主要球員就是三角圖中的三個角：你的防備、焦慮，以及核心情緒體驗。藉著目前為止的步驟，帶著覺察的意識之光已經幫忙照亮這三樣。你現在看到哪些以前沒看到的呢？有哪些在你內心發生、但之前沒發現的變化？你如何知道自己怎麼了？這裡有一些反思的問題你可以用來問自己，讓你可以更加理解自己的體驗。

那些就是我問寶拉的問題。在本章開頭介紹到的寶拉，在她開始能靠近她的苦惱，並且敞開心胸地面對她的恐懼想告訴她的事之後，她告訴我關於她與丈夫相處的體驗，以及她總算發現的自己。我們一起努力解開她糾結的感受，一開始先關心她內心那個受驚嚇的孩子，接著給她愁苦的根源——憤怒——一點空間被感受、移動，並重新收復。接著，請寶拉反思自己的處理方式，以及她從這些努力中習得的技巧。當我們回顧她和丈夫的互動，以及她情緒上的變化，我問寶拉一個反思的問題：「妳現在看到什麼是以前沒看到的？」

寶拉坐著安靜地思索了一陣子後說：「嗯，我現在看見艾文和我在討論時，我被觸發了。他只顧自己、不聽我說的話時，我覺得十分憤怒。但是現在我看見，我強烈的憤怒連我自己都有點被嚇到，連我也很難接受。我的意思是，我擔心如果我真的把事情導到我想要的方向去，有可能會發生很糟的事。我感受到罪惡感，就好像我要求得太多，然後我就開始質疑我自己。即使我知道在某個程度上我不是非常理智，在那些時候我變得焦慮，理智斷線了。或是至少我試著要平息憤怒，但是並沒有消失。我對整件事感到挫折。我希望我們之間的情況可以有所改變。但最後我感到的是憎恨。」

在這個簡單的回應中，寶拉已經掌握了許多關鍵。她剛就是用她的感受來描述她的體驗三角圖。當她的憤怒開始隨著她為自己發聲的欲望浮現（也就是三角圖中的「感受」角），她感到非常可怕且焦慮（三角圖中的「焦慮」角）。為了回應她的愁苦，

圖一　寶拉的情緒動態

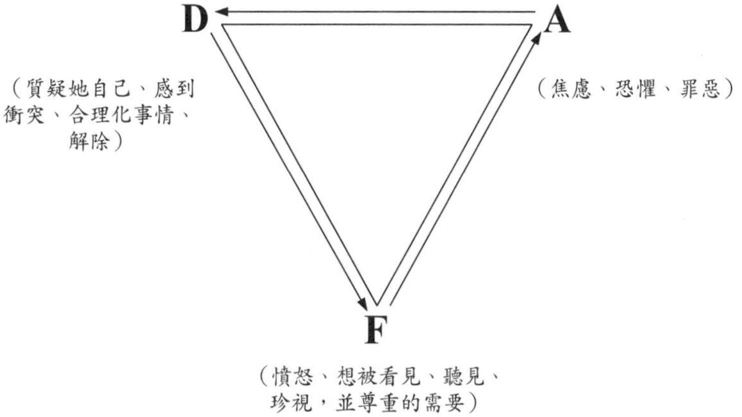

她試著要讓感受消失。她感到十分衝突、質疑自己、合理化艾文的行為，然後試著要放掉這些（三角圖中的「防衛」角）。

簡單來說，這就是所謂三角圖的樣貌。寶拉剛經歷了一次近距離的親身體驗。藉由觀察她情緒的運作，而非立刻進入其中一個，她總算能夠看清自己。以前無意識的事物，現在都已經進入到她的意識內。她現在懂了。她的憤怒與那些想要被看見、聽見、重視與尊重等的需求，以她舊有的內部運作模式來說，在在都充滿威脅，因此它們引發了防衛的連鎖反應，進而壓抑她的情緒反應，以至於令她感到擔心與不安。因此，她的核心情緒中，最重要的部分以及她自己都被忽略了。

但是為什麼呢？在她丈夫面前為自己發聲有什麼值得如此害怕的呢？為何對她來說，重視自己的需求並停留在這個狀態如此困難？隨著寶拉努力練習要更敏銳覺察自己的內在體驗，這些問題的答案就呼之欲出了。寶拉現在看出，她對自己的憤怒之所以如此恐懼，並不是無中生有。她現在了解這和她早期人生體驗有關。但是我們必須釐清這個部分。我們必須確保她的大腦神經系統確實了解那些威脅與危險已經不復存在。我們希望過去可以消散一些，讓寶拉能與它保持一點距離，以傾聽核心自我的聲音，並更踏實地感受當下。因此我們轉換反思的鏡頭方向，以便能擁有更寬廣的視角。其中就包含了寶拉過去經驗中的細節與其意義。

我問她：「妳如何理解自己的反應？特別是，為何妳認為憤怒很恐怖？為何妳對於表達自己、勇敢對艾文主張自己的需求，感到如此衝突？」

以下是寶拉的回答：

「嗯，當我還小的時候，我一直都知道我媽很難相處，但是我想我並不知道與她之間的經驗竟如此深刻地影響著我。我還是個孩子時，她就像一大團焦慮的化身，總是神經緊張或充滿擔憂。任何事情都可能讓她發火。她的怒氣值可以瞬間從零飆升到六十，沒來由的勃然大怒，有時也會發出一些惡毒的語言。我們常會為了雞毛蒜皮的瑣事開始激烈爭執。我一直都無法理解為何她總是如此憤怒、為何她總是一直大吼大叫。我試著要讓她冷靜，但是什麼方法都對她無效。連好好交談都無法。

最後她就會憤而離開，進入她的房間並甩上門。她會忽視我一陣子，然後再表現得好像什麼都沒發生過。也不會有任何道歉。沒有，她不會說：『對不起我失去理智了。』她沒有為她的失控負責。這讓我非常生氣。我只是希望我的感受也能被正視。但是我總是感覺很糟又充滿罪惡感，好像一切都是我的錯，於是，我就會道歉，且試著安慰她。這實在是太令我感到挫折且迷惘，因此基本上，只要有她在的時候，我都會十分小心翼翼，盡可能不要激怒她。我只能試著表現得很完美，盡量讓她處於正常狀態。

我現在可以看見，這些事情如何讓我不安與害怕於相信自己的感受，以及遠離我真正想要的事物。一直以來，我難以讓別人知道我不開心。這好像老早寫在我的基因裡，我無法說出自己的不開心，只能笑著裝沒事。我仍然為此感到困擾。甚至在我成年的此刻，仍然感覺自己像一個孩子一樣，害怕說出真心話，總是擔心自己會做錯事，惹誰不開心，也會害怕別人對我發脾氣，或是不喜歡我。

和艾文相處時特別是如此。我很難告訴他我不開心。前幾天晚上就是。我光是想著要把感受如實說出口就很焦慮了，而當我真的說出口，他的反應卻很糟。我因此被觸發了。我感到憤怒，並且想為自己出一口氣，但是我很害怕。就好像我內心的小女孩，擔心萬一我說出來，就會有壞事發生。我感覺天好像要塌下來了，而我將會變成孤獨一人。以前在某些時候，我會因為內在的一股罪惡感而開口道歉，好像我是犯錯的那個人，但其實我什麼也沒做。總之一切就很像我母親對我所做的一樣。難怪我會想躲起來。」

哇！寶拉已經充分了解到，她的早期人生經驗如何影響她。她神經系統的警鈴可追溯至她還是個孩子時，她必須處理母親的焦慮與反應。她如何理解她母親每次的暴怒呢？當她母親憤而離開時，她又感受到什麼呢？寶拉幼小的心靈就如同所有孩子的天性一般，會認定母親的行為一定跟自己有關。她將母親的負面反應理解成被拒絕和遺棄的威脅。為了要保持與母親的連結，她學會壓抑自己真實的感受，尤其是她的憤怒。

在與母親的互動中，我們看見焦慮矛盾型依附類型的源頭。她母親不穩定的情緒令寶拉時常處於緊繃狀態，她總是小心翼翼地觀察母親的情緒反應，以躲避任何可能會變調的時刻。因此，寶拉變得對他人的感受過度敏感，且忽略自己。甚者，她的早期經驗創造出一個內部運作模式，讓憤怒、自信與獨立被認為是建立連結的威脅，因此那些都該被制止。因此寶拉毫無意識地相信自己的憤怒是毀滅性的，不該表達出來，也就是說，她的需求沒有比其他人重要，所以她不該展現出真實的感受，不然就可能會招致拒絕與遺棄。

讓我們快轉到三十年後。寶拉的大腦仍然是用同樣一套規則運作，她的內部運作模式控制了整個局勢，並影響她的感受、行為與認知。雖然她冒險向艾文表達她的需求，但她對他的反應過於敏感。當他開始表現出防衛，她很自然地感到憤怒。她的舊有程式啟動，警告她眼前逼近的危險，然後如同她被制約似的，她退縮了。她沒有跟隨自己的核心情緒，反而質疑自己，擔心可能會導致壞事發生，並且對於造成他人困擾懷抱罪惡感。她感覺到卻不處理，這就是她從與母親相處中所習得的。

如果寶拉能夠傾聽艾文的回應，但不要太放在心上，並秉持著她的成人自我，或是如果她能夠辨認出她的焦慮是從何而來，試圖讓自己冷靜、傾聽並重視自己的需要，接著問自己想要什麼，如此可能會讓事情有不同的發展。但是過去已經在不知不覺中影響了她的認知，並剝奪她能更健康地做選擇的機會。她只能從年幼自己的雙眼來看世界，因此，她總是感到備受威脅、無力，並且羞愧。

現在，寶拉正在做她的情緒功課，她的認知正在轉變中。藉著反思她的情緒體驗，寶拉總算把她的過去與現在連結在一起。雖然她明知在她成長期間，母親總是非常焦慮又很難相處，但她現在總算意識到過去對她現在的影響。她現在看到了早期制約如何延續到今天，並幽微地展現著。她看到自己如何被觸發、她的憤怒、想被看見與被重視的需要、想為自己主持正義的欲望，以及她為接下來的反應而感到焦慮。她發現，自己的內在運作模式並沒有明確的規則說明應如何充分感受，以及直接表達重要的情緒體驗。

寶拉如此漂亮地示範出，花時間反思並弄清楚我們內在的情緒體驗並不用花太大功夫，卻非常有效。接下來，花點時間一起做以下的練習吧。

反思練習

找個安靜的地方，反思你迄今為止的體驗。想個你與伴侶、家人或朋友之間曾有過的激烈情緒互動，在那互動中，試著做出前兩步驟——辨識出被觸發的時刻，注意你的防衛系統，然後試著放下它。有意識地關注你的情緒，進入你的內心並檢視你的情緒體驗。

回憶這件事對你來說，感覺如何？你觀察到什麼？你對自己有什麼新發現？保持對情緒體驗的覺察，試著想一下以下的問題：

- 你現在看到哪些以前沒看到的事物？你對自己了解多少？你從自己的情緒動態中學到了什麼？
- 你如何知道自己為何被觸發？你認為什麼是啟動你早期設定模式的關鍵？
- 你認為體驗中的哪些感覺是不該被感受、表現或分享的？大致來說，什麼情緒、需求或欲望，會讓你覺得對關係造成威脅？
- 你的過去如何展示在你的現在？哪些早期習得的教訓、規則和信念仍然在影響你現在的體驗？
- 大致來說，你情緒體驗的哪些部分，讓你不太重視與難以展現？你何時會對自己及／或伴侶不誠實？

如何？你很驚訝自己有了新發現嗎？

也許你覺得這些問題很容易回答，也許有些比較有挑戰性。如果這些問題之中，有任何一題的答案沒有即時浮現也無妨。反思強烈情緒體驗的能力，需要一些時間培養。只要讓這些問題時刻擺在你的腦海裡，並保持開放的心。隨著時間經過，總會浮現出一點什麼，事情的全貌也會越來越清晰。有時候，當我們無預期地產生如同心理學家黛安娜．佛莎所稱的「理解的頓悟」而變得更清透、更深刻了解自己時（註34），我們就能看見它、感覺到它。我們會知道那就是真實的。

但大部分時候，它是斷斷續續發生著的，所以要時常反思這些問題，用它們來引導與迎接內在即將呈現的一切。這麼做的主要目的是要讓你更清楚地發現另一些面向的自我，讓你的意識與學習慢慢融入其中。

當你在反思你的體驗時，有浮現任何感受嗎？也許當你更清晰地看著真實的自我一直以來都處於壓抑或妥協的狀況下，你會感到充滿挫折或哀傷。也許你會覺得自己應對伴侶的方式很糟。或許你會感到非常脆弱，擔心會暴露自我，或不確定接下來會發生什麼。也許你會感到解脫，或是對更加了解自我充滿希望。也許你會感到驕傲，因為自己總算開始努力要翻轉局面。

這些感受都是你療傷過程的一部分。它們都是你開始運用深層自我的跡象。你正在重視並接納你的真實情感。你關心自己也關心你的伴侶。迎接這些感受，好好感受它們。讓你的體驗變得豐盛。好好休息，同時持續練習你現在的功課，就能讓你進入更好、更完整的境界。

重寫我們的故事

讓我們回到寶拉的例子，以理解這樣的過程所能帶來的效益。寶拉越是反思她的體驗，就越能理解自己，不只是與艾文之間的互動，甚至久遠到她所能追溯的最早記憶。她能用更清明的眼光，看穿過去她與母親之間的關係如何影響她，並塑造出她至今的行為模式，與理解他人的方式。

寶拉尤其理解到，為何一直以來，她難以在關係中說出自己的需求。即使她知道，在關係中如實說出需求其實是非常健康的能力。儘管她很討人喜歡，朋友也很多，但內心深處總是擔憂著有一天這一切都將消失，她擔心遲早有人會對她生氣並轉身而去。

雖然寶拉從沒想過她竟然無法好好處理憤怒——畢竟，當她感到挫折與難過，她仍會和艾文吵架或抱怨——但她終於開始看見這些讓她多焦慮，且讓她無法信任他人，或開誠布公地直接說出口。當她開始檢視她所有關係的經歷，她看見了重複出現的模式，從與她母親的互動開始，延續到她成年的人生中，也就是她一直都很難好好傾聽，重視並表達她與親密伴侶間的真實感受。她擔心會發生什麼事並毀掉一切，也常常質疑自己，讓自己的感受退到後座，以至於無法拒絕別人或是設下停損點。雖然她可能會用抱怨、爭執，或生悶氣來表達自己，但到頭來，這無法帶給她任何好處。

總之，寶拉在所有的關係中表現出她長期欠缺安全感、充滿挫折與不安穩。那如果她的真實自我一直以來都被看見與重視，事情會有什麼不同的發展呢？反思正為她的經歷帶來一道嶄新的光明，在寶拉身上，正展開著截然不同、更細緻微妙的生命故事。

當你在上一個練習中反思自己的情緒體驗，可能會注意到，在你身上，也逐漸在發生新的故事：你過去、現在的，甚至是未來的故事。這完全是可理解的。事實上，如果依心理學家黛安娜・佛莎所解釋，浮現新的故事就是你一直以來努力練習情緒功課所帶來的成長，這一切的療癒就發生在你願意敞開心胸、處理並反思你的感受時（註5）。

身而為人，我們會強烈想理解自身的體驗、自我，以及生命的需求。這是我們的思維方式。我們想要了解為何有些事會發生、一個事件如何與另一個事件相關、為何人們會這樣做，以及為什麼我們會是這樣。因此從年幼起，我們就開始編織故事來幫助我們解釋、建構，並找到生命的規律。這是一個把過去、現在和未來連結起來的有意義的故事。

當我們的思考與感受結合，並編織出富含意義與情緒的有深度的生命故事時，我們就能了解早期的情緒體驗如何影響著我們。

這樣的結果是件好事。如研究顯示，一個前後情節流暢合理的生命故事，不只顯示出安全型依附類型，也是一個人有能力建立健康關係的強力預測指標。這些重要的發現都顯示出，照顧者的理解與回應，能幫助我們發展出度過並理解情緒體驗的能力。簡單來說，我們的大腦能做到我們需要它做的事。大腦中幾個原本各自為政的部位將開始連結，讓不同形式的資訊能進入它們之中做處理，並以完整多元的型態儲存，如此一來能反映並促進我們更加健康、幸福。這是一件好事。

但是有些人在人生之初，情緒沒能被理解與回應，因而發展出不安全的依附類型，使得往後人生中，在處理人生體驗的適應性上就會有缺失。大腦的各部位欠缺聯繫，導致能量與資訊無法互相流通，以至於各種情緒經驗無法經過處理、重現，並儲存成完整多元的樣貌。

此外，僵化死板的內部運作模式限制了我們情緒的可能性，將我們對於自我的某些面向意識與關注排除在外。內隱記憶以及所有它乘載的那些沒被消化處理的素材，仍舊被深鎖在內心，不讓我們的大腦有機會去整理、解決，並把它置放在適當的位置，也就是我們過去的「完結」櫃上。

如果我們的故事中有某些部分被忽略與不自覺地隱藏起來，那我們就不可能弄清楚生命真實的樣貌。這些浮現出來的敘述就像一本缺漏某些章節的小說。內容並不連貫，看起來也不合邏輯。此外，當我們與感受失聯，故事將只剩下浮泛的劇情。像在讀大綱一般，缺少實質內容。當那些未經處理、消化的記憶觸發的情緒破壞我們的思考過程、讓我們失衡，我們也無法將人生的劇情以有邏輯的順序連貫起來。我們無法建立一個連貫的生命敘述，也無法成為一個情緒完整多元的人。

但是你已經開始努力要翻轉這一切了。前兩個步驟的練習，已經能讓你揭開一些關於自己的故事，也就是你自己的隱藏層面。藉著觀察、陪伴，與度過你的內在體驗，你的核心感受、需求和欲望就會在你面前變得更明顯易懂。至今為止，一直在暗中將你當下體驗染色並塑形的內隱記憶，就會開始變得更有自覺。你故事裡那些關鍵的片段，開始變得更清晰可見。藉著帶有覺察的反思，你就能用已經知道的真相，重整它們，並將它們編織成一個連貫的生命敘述。最後，你不只能改變看自己與理解自己的方式，更能使大腦的功能更加進步。

這就對了。當我們做好了這些功課，開始敘述我們的故事就能改變我們的大腦。透過理解感受，按照一直以來的練習，我們將能夠讓下層腦與上層腦之間的神經路徑取得連結，並建立**垂直的**整合。由上到下及下到上的聯繫與溝通能帶來大腦的平衡。而理解生命能夠促進**水平的**整合。藉著結合左腦的敘事功能與右腦的自傳式記憶儲存，就能開始發展並加強大腦兩邊的連結。

當我們帶著覺察的反思與理解自我的生命時，將能幫助我們的大腦迴路重新整合成為與安全型依附類型相同的模式。我們能促使大腦更新內部運作模式，並迎來更多適應的方式，將不安全依附類型轉變成習得的安全型依附類型。我們就能從過去的牢籠中獲得解放，並將最好的自己帶入關係中。我們從此能成為書寫自己生命的作者。

最終，不論我們至今的生命體驗多麼具挑戰性或曾經遭受創傷，都不如我們是否清楚意識到自己是如何受到影響還重要。而那正是通往自由的鑰匙。

那麼你該怎麼做？就如同你看到寶拉所做的，你必須要從當下的體驗中，把每一片碎片拼湊起來，然後開始述說你這一路走來的人生故事。反思你早期的依附經驗，直到你清楚知道它們如何影響你。然後，找出你生命中曾經經歷各種事件的主題，並將它們連在一起。注意那些一路跟著你到成年、重複上演的關係模式。最後花些時間感受你的體驗，並付諸文字。

說故事並不容易，需要一些勇氣。當你即時往後看，你會開始看見自己那些沒有被滿足的需求、那些你可能一直以來都被忽視或是被粗暴對待的感受，那些你對自己，以及對照顧者所產生的感受。

但是只要你能保持開放的心胸，讓自己好好感受並度過那些情緒體驗，你就能大大獲得療癒。你正在整合生命中的真實，新的生命故事正在展開，並且你開始習慣這樣的狀態；新故事讓你可以帶著同理心更客觀地看自己；新故事也能讓過去慢慢消散，讓你能更專注在當下；新故事更能讓你反思、支持你，讓你的情緒能更整合、多元與完整。

書寫是個非常有效的工具，能幫助你建構出一個完整流暢的生命敘述。如果你只是反思你的情緒體驗卻沒有寫下來，你很可能在無意中漏掉一些細節，或是逃避某些面向。但是當你試著用紙筆，或是用電腦記錄下來，那些你故事中被遮蓋或遺漏的部分，就會開始慢慢變得清晰。你將會注意到什麼時候文字停止了，什麼時候它們不繼續流動。你會發現，某些時刻你變得激動並且想要起身而去。你也將會注意到，你會有完全不知道該怎麼做的時候。

這些都是很有幫助的提示。它們都在提醒你，需要注意、理解或抒發出內在的某些事情，或是有些不順暢的關卡需要被解開，抑或是需要填補某些漏洞。它們都在讓你注意到那些被積累在表面之下、沒被消化處理的事情、感受，或記憶。它們都在指引你還需要完成哪些努力。因此，書寫能幫助你看到那些你平常不會注意到的事。

當我們書寫，我們將變得更有覺察力。我們停留在當下，在想出下一個字彙之前，在空白的空間中耐心等待。我們傾聽並關注自己說出的話語。如果有哪些字眼感覺不對，如果它們聽起來不像事實，或是準確地擷取了我們想要溝通的重點，我們就會努力地找出合適的文字。當我們努力與內心連結，我們就會變得與自己更親密。

如同精神科醫師馬克・艾普斯坦（Mark Epstein）所指出的，這樣關注我們自己，就近似於父母親如此傾聽理解他們的孩子（註6）。母親試著理解、傾聽孩子，並提供支持與關愛。她的情緒平和，並且能夠調節一切。她提供了一個安全的環境，讓她的孩子能夠展露出真實的自我。當我們書寫，我們就是在滋養自己的安全依附。毫無意外地，心理學家詹姆士・彭尼貝克（James Pennebaker）研究指出，表達式的書寫能夠讓生理反射狀態冷靜下來，增強我們對幸福健康的感知，並積極影響我們與他人的連結（註7）。

這些都是很好的工具，現在你可以運用在下一個練習中。如果你實在不擅長書寫，試著口述並錄音，之後再謄寫成文字。這也會有許多類似的好處。

生命敘述練習

花一點時間回顧你的生命故事。找一個不受任何干擾的安靜地方，一個你可以專注在自己身上與當下的地方。請從你近期的關係開始思考。仔細關注你的感受，回想你當時發現到的關於自己的事，以及關係中你覺得棘手的部分。停留在這個部分一些時間。深呼吸然後吐氣。注意你內在的感覺如何。

當你準備好了，不論是用書寫、打字，或是錄音，將你的故事敘述出來。對著你自己說，就好像正在說給一個非常信任的人聽。你非常希望這個人能了解你的體驗。

回顧並描述你小時候成長期間，和家人在一起時是什麼樣子。描述你的父母。你和他們的關係如何？解釋為什麼你認為他們會做出某些行為。描述你必須怎麼做來適應並且維持這段關係。你可以花些時間，也給你的感受一些空間。接受所有從心底深處浮現的字眼。好好感受，也可以在你需要的任何時候暫停。

稍微把時間往前推進，回顧你生命中的各個事件，並注意你從與家人之間相處習得的早期制約如何出現在你其他關係中。注意這些事如何影響你對自己的看法與感受？如何形塑你的信念？你如何看待其他人？你的行為舉止如何？注意那些至今重複出現在你關係中的模式與主題。

給你自己一些空間找到你的方向。讓一個想法或感受引導至另一個。注意哪些記憶出現在你的意識面前。迎接它們。花一些時間與它們，以及它們所帶來的所有感受共處。你的故事片段將會慢慢形成一個完整的樣貌。保持開放的態度讓前進的道路顯露出來。

當你內心深處浮現話語，請允許自己溫柔以對。當感受浮現，要給它們充分的空間。陪伴它們，並等它們離開，如同你已經學習過的。用呼吸來調節你的體驗，使你可以在容忍之窗內保持舒適。讓故事得以開展。攤開你的感受。讓話語及感受自然浮現。

如果你故事中的下一段還沒準備好要揭露自己，給它一些時間，不要強迫它。你可以在擁有更多資訊時，回去並填滿那些空格。

如果這個過程變得困難，如果你覺得無法負荷，那就休息一下。你不需要勉強自己走過去。畢竟，這是一個很長的故事，需要時間來述說。這也是個活生生的故事，一個在你一生中會持續不斷展開且更加深刻的故事。當你有了新的體驗，就會浮現新的理解與見解，並能被納入你正在編織的豐富織錦中。做你現在所能做的練習與努力，然後一次又一次的回到你的故事，持續去述說這個故事。

在這過程之中，請試著對自己保持關懷與同理心。告訴你自己，你現在做的事情十分重要。你正在重視你的體驗，你正在加強對自己的療癒，你正在轉變成一個更完整的人。以這樣更加深刻的方式來了解自己，能使你找到勇氣，保持開放的心情來了解你的伴侶。

以你的真實為榮

花時間反思你的體驗，能夠讓你看得更加清晰。你正在吸收你的所學。你正在加深對於自己的理解。你正在培養你的覺知。

看得更清楚之後，就會有更多選擇。你是否繼續沿著自己一直遵循的道路前進？你仍然持續讓你的生命體驗被早期設定所制約嗎？你仍然持續否定那些關於自己重要的面向嗎？或者你願意冒險，試試不一樣的做法呢？你想擺脫過去的枷鎖，展露出真實的自我嗎？你願意給你的關係一個變得更好的機會嗎？

你大概會想要後者。不然你不會在這裡，你不會努力到現在。但是可理解的，這個過程的下一步可能會非常有挑戰性。它需要你跨過一座橋到一個陌生的全新之地，一個你能允許自己在伴侶面前顯露出脆弱與真誠的地方。你將分享自己迄今為止一直被列為禁區不得而入的那個部分。你可能會感到非常不確定，也不是很清楚該往哪走，但如果你傾聽你的感受，它們就會指引你方向。

當我們覺察自己的情緒，我們將發現它們所具有的智慧。當我們關注它，我們會發現讓生命前進時所需要的協助。我們的核心感受提供我們關鍵的重要資訊，並且是以簡單且清楚的信息呈現。當有重要事宜致使人生岌岌可危，它們會告訴我們需要什麼、我們想要什麼，以及我們的偏好。而且它們還能協助我們整理思緒，激勵我們展開對自己更好的行動。如同丹尼爾・高曼（Daniel Goleman）寫於他非常具有開創性的書《EQ：決定一生幸福與成就的永恆力量》中所說：「所有情緒，在本質上來說，有行動的衝動，也是為了處理生活的立即計畫，更是演化所灌輸給我們的」（註8）。我們的核心感受讓我們準備去回應，就好像一個指南針，指引我們往該行動的方向行動。

藉由傾聽我們的感受，我們能感受到我們需要什麼，以及該如何反應。例如當我

圖二　我們感受的智慧

感受	資訊	需求	行為趨勢
憤怒	侵害、冒犯、被妥協的價值、目標受到阻礙	尊重、界線、公平	主張、發聲、為自己站出來
恐懼	感覺到威脅、危險	安全、確實、放心	尋求安全、安慰
羞恥	觸犯個人的或社會上的規範	理解、原諒、接納	退縮、道歉、重新取得信任與尊重
悲哀與受傷	失去重要事物、沒有達成的期待	療傷、同理同情、尊重	表達受傷、尋求安慰、同理心、關懷與連結
快樂	需求被滿足、正向積極的愉悅的體驗、事情發展順利	成長、精通、成功	繼續保持參與、擴展、與他人分享體驗

們在關係中感到害怕，就是在告訴我們，我們與伴侶之間的關係在某些方面感受到威脅，我們需要安慰，並重新取得安全感。它能促使我們向伴侶伸出手，想辦法重新回到原本所建立的安全連結中。悲傷與痛苦告訴我們，我們正在體驗失去感，也許我們感覺不受伴侶的重視。這就是在告訴我們，我們想要被看見與珍惜，想要被尊重，這也促使我們表達出我們受傷了，以便尋求安慰與關懷。

我們的核心感受都是這樣運作的（見圖二，註9）。它們全都提供我們有效的指引，讓我們知道如何讓伴侶了解我們的體驗，如何讓我們的

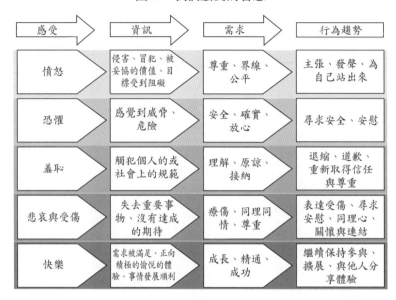

關係變得更好，以及如何去愛。如伴侶治療師蘇·強生所解釋：「學習去愛及被愛，其實就是學習去理解我們的情緒，從而我們知道需要從伴侶身上得到什麼，並且坦率表達出那些欲望。」（註10）

從寶拉的故事中，你可能發現到她閃著微光的一點真實。那出現在當她在關係中感到與丈夫有距離感，並且想要說出來時。當她試著靠近他，想與他談談，那微光就在那裡，並且也在她的憤怒裡，當她的需求不被艾文或母親傾聽、重視，或尊重時。那微光也在她感到積極、充滿動力、準備好要再次試著對丈夫表達她的感受和需求，並且希望能找到有效解決辦法時。某種程度上，她意識到了，但是她的舊有迴路使她無法信任那微光並以其為榮。當我們處在反射狀態，我們的核心情緒體驗就被扭曲了，無法聽到我們真實的內在。但是藉著培養與自我共處在當下的能力，我們就可以通過我們的感受找到它。我們可以努力讓自己冷靜下來，轉換到一個接受的狀態，並與其建立連結。

當我們往下沉到內心深處，停留在情緒體驗上，給我們的核心感受所需的時間與空間，我們就能感覺到我們的真實。我們也可以感受到它，並得到心理學家尤金·簡得霖（Eugene Gendlin）所稱的「感受」（註11）。我們的身體，或我們體驗到的情緒及生理感受，都是很重要的關鍵。它們能讓我們知道，我們考慮的選項對自己來說感覺是好或不好；我們考慮要做的行動是否適合最佳的自己，也就是我們想要成為的那個自己。當我們把自己帶回更情緒中心的地方，我們就能更清楚傾聽它。我們內心某處將突然頓悟了——我們感受到轉變，而且看到了眼前的道路。

如心理學家黛安娜．佛莎所解釋的，藉著與真實的情緒連結，我們就會聯合我們的「根本自我、核心自我，以及一直在等待的自我」，然後對自己說——**這就是我**（註12）。接著，我們就能夠從內心更深處、更有智慧之處做出回應。

讓我們花一點時間來練習如何釐清與連結你的真實。

什麼是我的真實？

花一些時間讓自己靜下來。靜下心來並找到你的中心，接著回想一個你與伴侶之間近期被觸發的經驗。如果你現在沒有伴侶，也可以用過去關係（或是與家族成員或是朋友的關係）中的經驗。試著從遠處觀察它。你發生了什麼變化嗎？什麼事讓你被觸發呢？回憶這個經驗並看著它展開來，完整地看它漸漸趨於完成，然後讓自己降落在另一邊。

回顧那個體驗，你感覺到什麼樣的情緒？在你的防衛與傷痛之下，你感覺到了什麼？

也許事後回想，那些感受可能會更清晰。但如果沒有也沒關係。往下到內心深處並試著感覺出它們。留在那個寬廣開放的空間，看看會出現什麼。也許你正感到害怕、受傷、生氣或羞愧。這些通常是會啟動你舊迴路的感受。又或許你有其他感受。比較這些不同感受，看哪一個對你來說聽起來比較像真實。當你感受到體驗的真實，你可能會注意到體內能量的轉換。花一點時間與你的覺察共處。深吸進一口氣，深刻感受這一切。

近距離與你的感受體驗共處，接著問自己：我的感受正在告訴我什麼呢？它們說我需要什麼？我想要什麼？我感到被激勵後想要做什麼？讓這些答案從你內在、從你的感受升起，而不是從你的頭腦。花一點時間與浮現出的所有事物共處。注意你的感受。感覺那些答案對你來說是否聽起來像真實的。

如果焦慮或緊張又悄悄回到你身上，指出它們的名字以馴服它們。認出它們是來自古老的地方，那是來自童年的迴音，是你早已經走過也不在乎的體驗。告訴你自己，你現在的感受才是最重要的，你也有感受它們的自由，現在不再是你小時候的情況。它們對你來說很重要，你應該傾聽它們，認真看待它們。以真實的自己為榮沒有什麼不對。保有真實不會帶來任何壞事。

什麼才是真正重要的？

一旦我們感覺到自我的真實，就必須好好運用它們。我們必須靠近它，並說出感受。我們必須向伴侶坦承這些感受。

我可以理解，當你一想到要向伴侶坦承、讓對方了解你，會感到焦慮，畢竟，這是在所難免的事。我還記得當我逼自己在關係中更坦誠地面對情緒的經驗。那時，光是想到要向我的伴侶、家人或朋友袒露我的害怕、受傷或生氣，就讓我覺得非常緊張。到現在，有些時候還是會如此，雖然程度減輕很多。但是——這可能聽起來有點怪——這其實是一個好跡象。我們的焦慮就是在告訴我們，現在我們正要來進行和平常不同的做法。我們正要靠近某些平常會逃避的事情。我們正要探索內部運作模式範圍以外的地方，讓我們能夠更確實地停留在當下。我們正在冒險，而所有感覺冒險的事情都可能讓我們緊張。

這也表示，這段關係對我們很重要。

在內心深處，我們所有人都希望有充滿愛的連結，都想要擁有令雙方滿意的完美的關係，那就是激勵我們一直努力至今的原因。但是焦慮與恐懼可能會讓我們不敢往前踏出一步，嘗試用新的方式來面對我們的伴侶。碰觸我們的關係價值，能在我們需要前進時推我們一把。

我說的價值是什麼意思？非常簡單，就是什麼對你來說是重要的。並不是你認為重要，或是別人認為是重要的，而是對你來說真正重要的。

在內心裡好好想一想，你想要什麼？你想要從關係中得到什麼？你想要成為什麼樣的伴侶？這些都是非常重要的問題。如果我們能對自己誠實，或許將會發現，我們很可能從來沒好好想過這些問題。當我們視關係為人生中最重要的事，我們花過多少時間思考希望它有怎樣的樣貌？

一般來說，我們更常想的是，我們不想要在關係中有哪些情況，但這其實是非常好的起始點。

年復一年，當我拜訪我結婚超過五十年的父母親，我會見識到他們之間每天不斷上演的小爆發：對彼此尖銳的語調，以及有時十分防備彼此的戒心與抵抗。發生在兩人之間的經典範例就是一個人屬於逃避型依附類型，而另一個屬於焦慮矛盾型依附類型。他們仍被早期設定所制約，且永遠找不到方法進入後天習得的安全依附狀態。這個經驗既讓我不安，也十分警惕。我近距離觀察到，如果我沒有找到方法，開始重視並改變我的早期經驗所帶來的制約，我最後大概就是會和他們一樣。在他們的身邊雖然痛苦，但也讓我釐清、加強了我個人的價值觀，也就是希望我的伴侶能用良善與尊重對待我，並成為一個能用敏感細緻並充滿關懷的方式表達自我。

雖然對某些人來說，我這些價值聽起來滿像一般的標準答案，但這標準對我來說並不容易維持。生長在一個父母親爭吵不休的家庭中，無法養成一種平衡、穩定和謹慎的溝通管道。也可以這麼說，培養這樣的溝通方式對我來說一直是在持續進行中的功課。我必須誠實地面對自己，認清我幼時所養成的一些互動方式需要再努力調整。因此，我也必須發展及持續練習情緒覺察的技巧。

甚至，雖然我困擾於我父母偶而對彼此的行為，我也不希望這些發生在我的關係中，但是這不足以讓我認知到這些問題。我必須要非常有意識地認清我真正想要的關係是什麼，並且下定決心努力實現它。

現在你知道了，當我們不確切知道自己想要什麼樣關係時、或是當我們無意識地選擇想要實現的原則時，我們就沒有強而有力的舵來指引我們，尤其是海象非常險峻時。我們受到舊有程式設定的掌控，我們的行動沒有與真正想要的目標同步。當我們有明確的自我價值，且當我們宣示並下定決心堅持這些價值時，它們就能成為指導與激勵我們的資源（註13）。

舉例來說，我沒有特別熱中運動，但一週還是會運動幾天。為什麼？因為我重視我的健康。生理與情緒上的健康我都同樣重視，特別是當我漸漸變老。我知道運動能增強我的生理狀態，支援我大腦的化學反應，並且可能讓我多活幾年。至少，我希望如此。於是，當我開始不想去健身房（事實上還滿常發生的），我內心感到一陣不舒服。我會想起我的膽固醇指數，我想到我的心情，我想到我的睡眠問題，我想到那些對我來說很重要的事情，然後，在不知不覺中，我開始打包起我的運動袋。因為我的價值觀激勵我繼續努力。

此外，如果我們非常清楚自己的價值，但是沒有按照這個價值去執行，我們會發現並感覺到對自己的失望。我們會感到後悔、有罪惡感，或羞愧。我相信這些感受都不是很好，但這就是它們的效果。它們就是在讓我們知道，我們沒遵循著軌道前進。

當我們能夠停留在當下與它們共處，並且傾聽它們想傳達的信息，它們就會幫助我們、支持我們，讓我們重新站穩腳步，持續向前。

有了這些概念後，請花點時間來思考你的關係價值，並讓它們來引導你。

我想成為什麼樣的人？（註14）

花些時間來反思，對你來說，在關係中最重要的是什麼。探索你最深感知的真實自我，並思考你希望成為什麼樣的伴侶。如果沒有什麼事情阻撓你，如果你可以是自己最好的樣子，如果你可以自由流露情感，情況會是怎樣？你想要什麼樣的關係？問問自己：

- 在我的關係中，什麼對我來說是重要的？
- 我想成為什麼樣的伴侶？
- 在我的關係中，我想要表現得如何？
- 我想要如何理解我的伴侶？
- 我想培養什麼樣的個人特質？

- 我想要什麼樣的關係？

仔細思考這些問題，誠實面對自己。這些問題都沒有正確答案，只有你真實的心聲而已。讓你的答案越明確越好。寫下來，讓你之後可以察看並進行反思。

想像當你能夠做出和價值相符的行為，會是什麼景象？例如你上一次與伴侶產生爭執，而你被觸發時。如果是你最好的自我掌控著局面，事情會怎麼發展？如果你照著你的價值去行動，會變得如何？你會表達出什麼樣的感受、需求或欲望？你可能會說出什麼或不會說出什麼？你會有哪些不同的做法？

也許對你來說想像很困難。你可能缺乏一個框架或範本來進行。但當你想著這些問題，你最佳的自我就很有可能會現身來引導。回溯你的生命並思考這些。打開你的心，想著你所有優點。回想與朋友在一起的時候，或是與家人、同事，甚至是與伴侶在一起時的景象。請承認並接受你有能力實現自己的理想。

如果這還是很難想像，那就想著某位你欣賞、遵循他們價值觀而活的人。想像他們的樣子，想著他們有哪些特質是你欣賞的。想像他們讓你欣賞的那些作為，並注意你身體的感覺。感受著如果你是他，會是什麼樣子？如果是你擁有那些特質會如何？試著想像自己做出類似他們的行為。

透過想像你照自己的價值觀行動，你其實就在轉換你的內部運作模式，往更健康的關係前進。你正在發展自己需要的腦內框架或模式。你正在準備前往成功的方向。

一次一步

讓我們來看看寶拉的情況。透過反思，她能看見要說出自己主張時的焦慮根源於她的過去。雖然這樣的覺察並沒有讓她立刻從中得到自由，仍然十分有助於讓她能夠從自己的立場看清事情。她理解到，在與丈夫的關係中所感到的那些不開心，都是從焦慮矛盾型依附類型發展而來，並非真的表示出她處於任何危險之中。比起被那些憂愁分心（這很常發生），她開始認出自己被觸發的時刻，其實正顯示出她的某些核心感受、需求或欲望是需要被關注的。最重要的是，那些她曾一度認為是該被禁止的部分，其實正需要一些幫忙、關注、珍惜，與分享。

這些一開始都不容易，但是隨著時間慢慢累積，寶拉找到了勇氣，去尊重她真實的情緒體驗，並讓它引導她。她找到勇氣來靠近艾文，並與他分享更多自我。在進行的同時，真實的她會變得更加清晰，她對自己的感受變得更強烈，而且她與艾文的連結也變得更穩固。這就是她希望成為的自己，也是她想要的關係。

你也可以一起來。就像寶拉一樣，你不需要一次全做到位，不需要那樣，那樣的期待並不合理。讓身心更加完整並與他人分享是一個過程，所以對你自己溫柔一點。慢慢地開始，一次一步。

也許在此刻，你正處於剛告知伴侶你覺得自己被觸發了，且需要一點時間與自己相處的階段。或是你正感覺自己非常脆弱，而且很難表達自我。你想要維持在當下且保持開放，但感到非常困難。或是你可能正開始嘗試要將感受、需求與欲望跟對方說，並且更留心表達你內心的狀態、你的感受、你的需要。

這些階段都是正面的一步。每一樣都會讓你的關係積極正向地前進。

章節筆記

- 反思有助於整合情緒資料庫中的核心感受、需要與欲望。
- 反思能重新整理歸納、鞏固情緒豐厚的資訊，並整合至記憶系統中。
- 好好思考那些體驗中的關鍵教訓，同時維持與自我情緒的連結，能夠加深對自己的理解，並強化學習。
- 一個流暢連貫的生命敘述不僅是安全依附的表現，也是一個人有能力擁有健康關係的重要跡象。
- 認真反思並理解生命的道理，能在大腦內建立健康的神經連結。
- 反思有助於更新我們的內部運作模式，並將不安全的依附類型轉換為習得的安全型依附類型。
- 我們的核心感受會提供我們重要資訊，幫助我們看見什麼才是在關係中最佳的回應方式。
- 我們對於關係的價值觀，能成為指引、激勵我們的源頭。

Chapter 6

步驟四：有覺察地相處

「愛能摘下我們恐懼的面具，那張面具讓我們唯恐自己不戴就不能過活，同時又深知自己無法戴著過活。」
——詹姆斯．鮑德溫（James Baldwin）

「怎麼了？你都沒在聽我說話。我試著跟你說話，你卻好像遠在百萬英里之外。」布萊克的妻子問，聽起來，比起擔心更像是受到了挫折。

布萊克感到身體緊繃起來。他想要繼續盯著電視螢幕，假裝沒聽見她。他想要拿一箱啤酒來喝到不省人事。他想要立刻連上網路遁逃到「不需負責」的幻想中，與那些會用誇讚包圍他，卻又不期待任何回報的女人們相會。他很想脫口而出：「到底有什麼那麼重要！為何我就不能好好地放鬆一下？」但他知道這句話會導致什麼結果。他們會吵整晚也吵不出什麼結果。此外，在他的內心，他知道那不是真的。

工作已經耗盡他的精力。雖然他並沒有

什麼不順心。事實上，他的生活已經好得不能再更好。但是就算一切跡象都與此相反，布萊克依舊覺得，他隨時都可能被別人發現其實沒有那麼好。他被一個遙遠的聲音籠罩著，那是很久以前有人說他永遠成不了氣候，而他無法甩開這個感受，即便他一直獲得一些正面的關注，但他始終認為那些都不是真的，他根本不配。

他想要信任他的妻子，與她分享自己的不安和恐懼，敞開心胸、不再感到那麼孤單，並得到一些安慰。他想要聽到她說自己相信他，而且一切都會順利的。但是他害怕面對她的真實想法，害怕他這樣做會顯得愚笨或軟弱。

布萊克想要告訴她，他對於兩人間相處不順利感覺很糟。他其實很想伸出雙手填補他們之間的裂痕，但他害怕她會拒絕他。害怕不論他做什麼、多麼努力，他都會搞砸。他永遠無法讓她開心，或是做得夠好。

他想要告訴她自己有多愛她。他有多想念她以及希望兩人能更親密，希望能敞開心胸好好聊聊，毫不保留地分享他的感受，找到讓兩人可以相處得更融洽的辦法。但是一切都令人害怕。他感覺幾乎要被情緒淹沒。允許自己表現出脆弱的情緒，實在是有違他從小到大所學習到的。他小時接受到的所有訊息，都是要他忍氣吞聲，變強壯、停止哭泣，不然會發生其他令他更想哭的事，而他也不能有任何抱怨，只能忍耐。

好像他全身的神經都在告訴他：「不，不可以這麼做！」他感覺內在有股力量正在向外推，正試著要穿透出去，並且感覺內在正在抽痛，要他注意並表達出來。就好像有小草正在極盡所能地要從人行道的混泥土裂縫中衝出，新生命正準備好要浮現了。

我該怎麼做？布萊克疑惑地問自己，接著轉向他的妻子……

打開

布萊克正站在叉路口。一個將對他關係的未來有極重要意涵的選擇時刻。他會持續受到他舊程式設定的操弄，並陷在那只會導致隔離與痛苦的角力當中？或是他將踏出一小步，前往未知的方向，開始與他妻子分享更多關於自己的事？他將突破舊有內部運作模式的限制，並找到方法與她一起努力，讓他們更親密而非更遠離？

在上一章的最後三個步驟練習中，可能已經帶領你到情緒旅程中一個類似的地方。透過放慢行動，與你的感受一起工作，釐清你情緒的真實面，你已經給自己一個寶貴的機會，一個充滿無限可能性的機會。這就是你能否改變關係的關鍵時刻。

但是抓住這個機會可能令人感到有些挑戰性。你需要一些信念，需要冒一點險，才能反抗你早期經驗制約的控制，讓事情變得不同。也需要你敞開自我，展現出一些你一直以來習慣隱藏的自己。你需要更直接表達出你的核心感受、需求和欲望，也就是那些你一直害怕分享的。

這樣做可能令人畏懼，這是可預期的。我們面對的是內心那個孩子的恐懼，以及可能會對我們關係鞏固造成的威脅。但只有面對我們的恐懼，徹底檢視，才能消滅它們，解除它們的力量。最終我們會學到，我們的世界不會走到盡頭，我們也不會被摧毀。我們可能需要費些工夫，讓溝通朝向更有建設性的方向，但是只有面對恐懼時，才能發展出新的理解方式。我們才能拋開過去，與伴侶建立更充滿愛的連結。我們要用新的體驗來更新舊程式，並重寫大腦迴路，讓它變得更好。

當我們願意呈現真實的情緒並保持開放，用覺得安全、能被傾聽的方式與伴侶相處，就像是為穩固關係而播下了種子，這就是健康關係的基礎。我們確實打好基礎，就能夠支持並促使雙方一起成長。在連結中感受到安全，就能度過關係中難免會出現的挑戰，並且不只能有自信地說自己沒事，還會越來越好。與伴侶間的羈絆會隨著時間加深也加強，我們的愛也會滋長。我們改變了自己，也改變了我們的關係。

如同世界知名的冥想導師與作者雪倫・薩爾茲堡（Sharon Salzberg）所解釋，真愛建立在「我們能對自己的完整性保持開放，而非執著於舊故事所呈現的小片段。活在一個受限的自我中，在任何程度上，並不是愛。」（註35）當關係中的一人或雙方都豎立起圍牆，不論是安靜的還是吵雜的圍牆，都無法在關係中建立起安全感。當我們跨出防衛系統所圈起的範圍之外，並在伴侶面前展露脆弱，安全感才會滋長。不論是恐懼或猶豫，我們都該「全心全意地」（註36）展現出自己的脆弱與不完美，且盡我們所能陪伴、回應彼此。當我們堅持做好自己的部分，看清楚事情的真相，並讓我們到達更好的境界，就能有不同的成就。這也是真心相愛的本質。

談到脆弱，如同大家常說的：「一切都是相對的。」一般來說，展露出我們那些可能會被認為是懦弱或羞恥的部分，會讓人感到脆弱。例如表達出受傷、悲傷、恐懼，或是提出我們的需要以獲得安慰、支持，和理解。此外，表達出憤怒、為自己發聲、設下極限，並畫出界線也會讓有些人感到脆弱，尤其是這些行為在我們小時候被視為負面時。另外，為自己感到驕傲、表達出喜悅或驚嘆等類似的行為，也會讓某些人感到脆弱。不論是什麼樣的感受、需求或欲望，我們的恐懼都會回溯到早期自身獨特的體驗。我們從那些體驗中學到，表達會讓自我陷於危險中。這幾個面向就是我們與伴侶分享時感到脆弱的部分。

要展現我們完整的樣貌，需要勇氣與技巧。我們需要能夠保持在當下與平衡的狀態，來了解、管理我們的感受，並且敏感地、誠實地、流暢連貫地表達出自我。此外，我們需要了解我們的伴侶，並且回應他們的情緒體驗。

很碰巧的是，這些能力中的大多數都是我們正在努力的。它們就是覺察情緒的技巧。本書至今做的功課都是內在的——適應並處理我們內心的情緒變化。然而，在步驟四「有覺察地相處」中，我們將擴展覺知的範圍，納入我們伴侶的情緒體驗，以及我們之間的狀況。此外，我們還融入並培養了與生俱來的能力，能夠同理伴侶的情感體驗，感受並理解他們的感覺。我們越能同理伴侶的感受，就越能認出並跨越他們的防衛與逃避，以免又被舊的、無效的相處模式控制住。簡單來說，我們將越能把關係轉向到積極的方向。

將覺察與同理心都帶入練習與實踐，將對我們自己與我們的關係有非常大的助益。如心理治療師與覺察導師琳達・格拉翰（Linda Graham）曾在她的書《復原力》（*Bouncing Back*）中所解釋，這兩個力量能有效使我們的韌性成長（註37）。藉由協助加強我們大腦前額葉皮質區的功能，我們將更能好好觀察自己的體驗，看出內建的相處模式，能更靈活回應、適應關係中的起伏，並願意接受更多種不同的選項。此外，覺察與同理心的攜手合作，能提升內在的智慧，當我們仔細傾聽，能引導我們探索更健康的相處方式與行動。而這些就是醫生會給出的指示！

雖然這個流程中的下一個步驟可能會令人有點害怕，但你已經開始努力嘗試了。你已經準備好了，也付出很多努力，讓你和你伴侶之間的相處變得更有建設性。你已經更加理解自己的情緒，並加強了面對、傾聽自己的能力。你只差好好地表達自己，以及摸索出如何更專注地與伴侶互動的模式。而這是可行的。

當然，在你和伴侶之間的關係走向中，伴侶也扮演了重要的角色。如果他們還沒準備好，或是還無法展開接納，如果他們的防備戒心仍然占據了他們的內心，那對你來說，情況就會變得很困難。但是就算你無法控制他們會如何反應，也無法為他們是否能擔起責任、控制自己的行為來負責，你都不需要受到這些事情影響。你可以盡你所能，用伴侶最能夠聽進去、接納你的方式來表達自己。如果你覺得自己的作為開始引起雙方的緊張與不和諧時，你可以隨時停下來。你也可以支持伴侶，協助彼此一起回到理想中的伴侶關係。

太常發生的情況是，我們低估了伴侶能接納的能力，我們逃避對他們表達出自己的感受。我們連試都不試，因此拒絕了讓自己進步的可能性。雖然可能不是每次都會如我們預期的順利，我們仍可以從嘗試中學習。我們能加強專注在當下、理解，並同理他們的能力。而且我們可以從經驗與努力中學習。我們只需要願意敞開心胸，給自己一個機會，找到一些新的可能性。

誰知道呢？也許會有驚喜。讓我們一起找出來吧。

充滿覺察的話語

當事情發生。你的伴侶做了某個評論或行為，你看見他們臉上的某個表情，你聽見他們說了些什麼，然後「碰！」你被觸發了。你的舊程式開始運作，但這次並不會照舊進行，比起封閉自我或是運轉到失控，你拉住了自己。你發現你被觸發了，於是你平息你的不快，並關注內心情緒的變化。你與你的核心感受、需求，與欲望建立連結，試著理解它們。

同時，你的伴侶正盯著你看，渴望、期待著你的反應。他們想知道你的感受、你的想法，以及想要與你建立更緊密的連結（雖然此刻看起來不像這樣）。

你需要找到一個方式，讓他們進入你的情緒體驗中，並試著直接表達出一直以來被排除在外的感受。你需要連結彼此，並說出你的感受、需求與欲望。你如何遣詞用字將非常關鍵，因為那表示你的態度，然而也不需要完美。你只需要做出一個健康的改變，以更有建設性的方式拉近你們的距離，而非造成衝突。

這個要求看起來很難嗎？剛開始練習時，當然會有這種感覺。特別是當你試著要分享自己的某些面向，在別人面前展示脆弱。但是就像任何新的行為一樣，越做就會變得越容易。你也不需要一次做到位，可以慢慢來。你可以一點一點地說出你的感受。事實上，這樣可以讓你和你的伴侶更容易掌握你的體驗。加深兩人情緒親密度的過程就像是剝洋蔥一樣，一次剝掉一層，一次露出一層。

當你開始與伴侶分享感受，可以先說一些能緩和緊張氣氛的話語，再慢慢往溝通邁進，如此協助你的伴侶感覺更容易接受。知名的兩性關係專家約翰・高特曼（John Gottman）提議用「軟起頭」來開啟一段困難的對話，也就是我們可以用溫柔、充滿同理心的方式來進行，這樣能對事情的發展有非常積極正向的影響（註38）。尤其相較於那些一開始就非常尖銳的對話，溫柔開啟的對話通常比較容易結束在溫柔的狀態。尖銳的開始常會導致同等尖銳的發展。

記住這個明智的建議，你就能與你的伴侶開始進行交談，並且承認這個單純的真相——在伴侶面前開誠布公地討論、揭露自己的心情感受會令人非常害怕。例如你可以這樣說作為開頭：「這對我來說很難啟齒……」或「我對於要分享我的感受，覺得非常緊張……」或是「我不確定要怎麼談關於……」或是你也可以表示出希望雙方能夠一起進行有建設性的討論。你可以說：「我真的很希望可以試著用對我們雙方都有幫助的方式和你談談看。」你也可以表現出自己願意接下關係中控球權的責任，表明你並不是要責怪你的伴侶，或是暗示他們有錯。你可以說：「我知道我應該對這件事的一部分負責。我接受這個事實，但也想知道我還可以怎麼做，好讓事情變得不一樣。」這些選項都能提供一個比較軟化的開頭。

你可以使用我們最後提到的三個步驟，接著談關於你的情緒體驗。你可以分享自己一直以來很難表達出的感受、需求，與欲望來展開話題。

此刻，三角圖又能成為有效指引你的另外一個工具。你可以用它來幫助你把情緒體驗文字化——解釋你怎麼了，以及為什麼。從三角圖的上方開始，你可以承認你被觸發了——你感到焦慮或是不舒服，還可能有點抗拒——接著說明為什麼。然後分享你內在那時候有哪些感受。

舉例來說，如果是這章開頭提到的布萊克，想要用這樣的方式與他的妻子敞開心胸交談，他也許可以說：「當我聽到妳的聲音中帶著挫折，我就開始焦慮緊張。好像有一部分的我想要跑開，逃離現場，但我最後呆掉了。我其實是想要跟妳好好聊聊。

我想要更靠近妳。但是我害怕妳的反應。我害怕妳會怎麼看我。我想，我內心深處感到有些羞愧，就好像我做錯了什麼，而我再也無法重新把它做好。然後無論發生什麼，妳都會消失。」

在他的回應中，布萊克從三角圖的上方開始，分享他情緒體驗中較靠近表層的元素（感覺不舒服、緊繃、呆滯放空）。接著，他繼續往下到三角圖下方，揭開那些藏在防衛反應（害怕被拒絕、感到羞愧、想要連結的欲望）之後的感受與欲望。如此一來，布萊克就能對他的妻子好好解釋他的反應，幫助她了解他的情緒。他讓她看見自己脆弱的一面，這一面他通常不會外顯。

注意布萊克提到他想逃離時，他說：「一部分的我想要跑開。」請注意他用「部分」這個詞。這麼說非常有用。這個詞能讓我們更輕易理解自己情緒體驗中，我們可能覺得負面的面向。此外，這也有助於和伴侶解釋，我們的情緒體驗有許多不同層次，並不只是他們看到的表面那樣。例如，我們的伴侶可能覺得我們看起來很生氣，而這可能就是他們所見、所感覺到的，但是事實上，我們的憤怒只是情緒體驗的一部分。在那之下，還有別的感受。我們可能還覺得受傷、寂寞、害怕、無助、尷尬、羞愧、不夠格、被拒絕等等。當我們用到「部分」這個詞，就表達出了情緒體驗的多面性。

將你的情緒體驗文字化

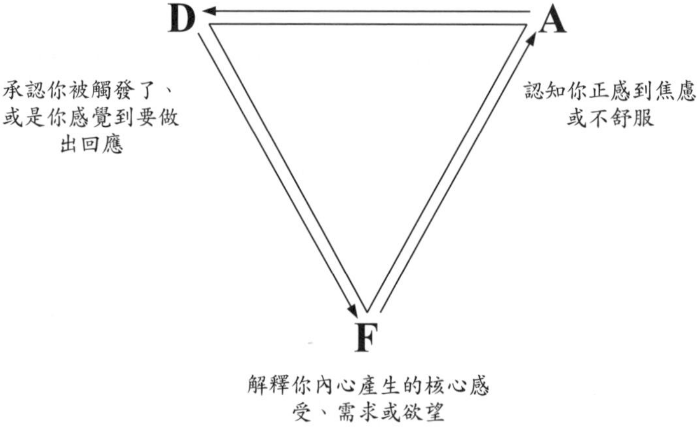
D
A
F
承認你被觸發了、或是你感覺到要做出回應
認知你正感到焦慮或不舒服
解釋你內心產生的核心感受、需求或欲望

我們將幫助伴侶用更深入的方式來看我們。

同樣的，我們能談談自己內在的孩子，並解釋我們一部分的反應是來自內心年幼的自己。舉例來說，當布萊克提到他對妻子的恐懼，他可以這麼說：「就好像我內心有個嚇壞的孩子，總是擔心父母親會有什麼反應。」這除了能讓我們說明解釋自己的情緒體驗，這樣的揭露也能轉換伴侶對於我們的觀點與反應。比起讓他們只看見我們受挫、緊張，或分心的成年自我，他們更能一窺年幼的我們。看見我們內在的孩子後，突然之間，他們就轉變了。他們的防備心融化並開始理解，所謂的脆弱與渺小是什麼樣子。明明不久前，兩人之間的氛圍還充滿憎恨與挫折不滿，突然一道同理心的光照進來，使他們與我們感同身受。他們對我們的感覺就變了。

甚至，當我們提到我們內心的孩子，我們也是正在描述對於當下體驗的關注與意識，某部分仍然受到早期制約的影響。我們在協助我們的伴侶了解關係中令我們感到棘手的部分原因。

結束後，隨著你與伴侶談話的進展，你可以談談自己的早期經驗。你可以與他們分享一些關於你成長期間發生的事，以及你經由與照顧者的互動習得了什麼。你不用一口氣講得太深入，畢竟，這類「來深入認識你」的話題會隨著關係持續進化。你可能可以從簡單的事情開始講起，例如「對我家人來說，＿＿（悲傷、害怕、脆弱、憤怒、有情感的需要、安慰、關注等）是不被允許的。」或是「每當我表現出我的感受／需要，我父親／母親就會＿＿。」或是「我記得有一次當＿＿。」你可以接著解釋每當你幼時體驗過的恐懼再度出現時，你的感覺如何，以及即使你理智上知道這些恐懼都過去了，但你仍然會感到脆弱，並充滿防備、抵抗地回應著。在你說的過程中，你的伴侶能更加了解你，更能理解你的掙扎，也許也會願意開始對你分享他們自己。這樣一來，你們雙方都能受惠。

在某個階段，你必須想辦法讓你的伴侶知道，你想從他們身上得到什麼。這部分可能會特別有挑戰性。畢竟，表達你的感受是一件事，但要求你的伴侶、讓對方了解自己的需求又是另一件事。這麼做能讓你感到更為脆弱。這是一種冒險。你不確定他們會怎麼反應。而且你將再次反抗你的舊程式設定——年幼時的學習告訴你要把需求放在心底比較安全。

但你可以這樣想：你如果不告訴伴侶你想要什麼，他們怎麼會知道呢？他們又不會讀心術（雖然我們都希望他們會！）他們可能也像你一樣，一直都感到疑惑。他們也想要幫你，他們想要改善和你之間的關係，但是他們不確定到底要怎麼做才會改變。而且他們也可能正在挑戰他們自己被幼時依附關係所制約的界線，他們也被恐懼占據了內心。當你告訴他們你想要什麼，你就是在幫助他們，你正在讓他們更容易了解什麼才是最佳的回應。所以試著清楚、直接地說出你的需求，例如：「我真的很想要／需要你們——」（保證、理解、安慰、關懷、尊重、接納、重視、愛，以及需要等）。

總歸來說，當你與伴侶聊你的感受、需求和欲望，你的目標應該是要藉由溝通讓對方放下防衛，以增加他們傾聽並接納你表達事物的機會。使用「我」句型（例如「我覺得很受傷」，而不是「你讓我非常不開心」），多談談你的**感覺**，而不是你的**想法**

（例如說「我覺得沒有希望」，而非「我覺得不論我做什麼你從來都不滿意」），並且描述事情發生的狀態，而不要責怪或評論（例如說「我看到你在我說話時還在滑手機……」，而非「你一點都不夠敏感！」）這能讓伴侶更容易接受我們說的話。除此之外，請求你需要的事物，而不是告訴你的伴侶要怎麼做，或是提出要求，這樣會更有機會讓對方做出更好的回應。一個簡單又有效的方法，就是想像彼此立場對調，想像如果是你聽到自己想要表達的感受，感覺會如何。

刻意、有意識的選擇用字遣詞相當重要，但你說話時的語氣更是關鍵。你是否嘗試帶著關愛與關懷與你的伴侶相處？或者你都是情緒崩潰地接近他們？要談如此困難的事情時，用善良與關愛的態度可能會讓事情發展得比較順利。事實上研究顯示，當人們用溫暖、支持的語氣提出負面的建議時，聽者反而會留下正面的印象（註39）。這正表示我們能提不開心的感受，但是要用比較有建設性，且「支持你關係成長」的方式。如同高特曼學院的共同創辦人茱莉．高特曼（Julie Gottman）所解釋：「你可以對你的伴侶丟鏢槍，或是你可以解釋為何你受傷及生氣，而後者是比較和善的方式。」（註40）

通常當我們願意分享自己防衛系統後所隱藏的感受，對話的能量就改變了，雙方之間展開了更多空間，且我們將用一個不同以往的方式來與對方相處。相較於之前我們的防備抵抗，現在，感覺不可能的事情都變得好像可能了。我們看見該怎麼做以改變之前的情緒體驗。我們看見可以怎麼做來讓關係回到正軌。我們越是讓自己在伴侶面前敞開心胸、展露脆弱，就越能用這樣的方式與伴侶相處。

用初學者的心態來領會

當布萊克的妻子抱怨他似乎「百萬英里遠」，她到底想說什麼？在她的挫折下，她的感受如何？她想要從他那兒得到什麼？布萊克只聽到她批評的語氣，於是他的身體緊繃起來，只想盡快找到脫逃路線。所以他進入了戰鬥模式。

但是，如果布萊克注意到他的衝動，並暫停，然後花一點時間思考他的妻子究竟怎麼了，結果會是如何呢？如果他能越過她的防衛系統，更深入地思索她可能的感受，也許他會發現，在那憤怒面具後的她，其實渴望與他有所連結，且害怕失去他。這發現對布萊克會有何影響呢？那會如何影響到他對她的感受？他會有什麼反應？

就像我們一樣，我們的伴侶也是被他們與照顧者之間的體驗所形塑，而且他們的早期程式設定也持續默默影響著他們。就像我們一樣，他們也很害怕脆弱，害怕表達他們的真實感受，以及讓我們看見他們的整體全貌。就像我們一樣，他們害怕我們會批評他們，或是不屑一顧。就像我們一樣，他們害怕他們永遠不夠好。就像我們一樣，他們害怕會被拒絕及遺棄。但不知為何，我們卻不了解這樣的他們，或是我們知道，但在某些時刻忘記了。這就是我們在反射狀態時可能會發生的情況。我們只看到伴侶們使用早期習得的防衛模式來處理他們的恐懼——他們會帶著挫折來面對我們，或是他們會退縮到安靜之牆後。我們把注意力都放在我們感覺是威脅的事物上，卻沒看見其他事物。

更糟的是，我們對於伴侶的感知不是永遠精確。我們常帶著自己內部運作模式的偏見濾鏡來看他們。我們的早期制約使我們對於某些情緒過度敏感，對其他情緒又不夠敏感。我們把某些事物看得太誇大，卻又忽略了其他。

舉例來說，研究顯示，屬於焦慮矛盾型依附類型的人，擁有較容易被負面回饋觸發的杏仁核，比如伴侶臉上憤怒的表情。相反的，屬於逃避型依附類型的人，較不容易對正面回饋有反應，比如微笑（註41）。某些方面來說，特別是我們不開心或是被觸發時，我們會看到內隱記憶尋求的事物。在那些時候，我們的假設與預期似乎得到了證實，我們最終只能用有限的視角來看待我們的伴侶，卻無法看到他們的整體。而且在那些時刻，我們絕對看不見當初自己愛上對方的那些特質。

當然，我們的伴侶在關係互動中很重要。這並不是說，他們像是投射我們恐懼與焦慮的白板。他們與我們互動的方式非常重要，而且可能是帶有挑釁的。但是如果我們能夠移除內隱記憶的濾鏡，把伴侶看得更清楚呢？如果我們能夠拋開先入為主的觀念，看到他們處於防衛以外的狀態，並重新好好觀察他們呢？我們當然可以做到這點。只要練習覺察就能使我們有可能做到。

當我們有所覺察，並與反射行為保持一些距離，我們就可以將禪學大師鈴木俊隆所稱的「初學者的心態」帶進我們的體驗中，並用嶄新的眼光看待一切。不久之後，我們就不會再被那些之前信念所限制，可以用開放與好奇的態度來面對我們的體驗，並發現其他觀點。如鈴木大師所解釋：「在初學者心態中有許多可能性，但是在專家的心態中，只剩下一些」（註42）。我們的伴侶與我們的關係不值得擁有這樣的機會嗎？那樣對我們來說不是非常感人嗎？

到這個結尾，讓我們花一點時間練習用初學者的心態，來看我們的伴侶以及我們與他們相處的經驗。

反思

回想一下，最近與你的伴侶之間，有什麼事觸動到你的情緒。找一個與伴侶間最具代表性的衝突經驗。如果你現在單身，就從過去的關係中，或是與親密友人或家庭成員間的關係中回想。試著退一步，用觀察者的身分來觀看這個體驗。鼓勵自己放下所有成見及信念，讓你有機會用不同方式來理解你的伴侶。如果在這途中，你發現自己出現了情緒起伏，或是開始感到防備、抵抗，請花一點時間讓自己冷靜下來，然後重新回到你的中心。

觀想這個體驗時，回想你的伴侶如何反應。他們開始抱怨批評，或是他們抽身離開？他們放大聲量，或是他們轉而安靜不語？你可以回顧第三章提到的「關係中的防衛行為」，看看哪一個你覺得熟悉，也許這樣會有幫助。哪一個最適合用來形容你的伴侶在這個事件中的行為？你通常會看到怎麼樣的他們？

接著，透過你心智之眼，試著放下你對伴侶的防衛心，以使你專注在他們外表下的內心變化。也就是，用更多好奇心探索一下他們當時可能害怕與你分享的核心感受、需求，或欲望。例如，你的伴侶是否其實是感覺到受傷、害怕、羞愧，或憤怒呢？還是他們可能想要一些安慰、保證，或是認可？敞開你的心胸，思索所有可能性。思索哪些感受是你的伴侶願意與你分享，或哪些是你很難看得到的一面？

接下來，你可以好好思索，為何對你的伴侶來說，在你面前表現出這些感受很困難？是你的某些行為舉止讓他們覺得很難向你坦誠嗎？或者說，他們一直都是這樣？回憶一下你們剛認識時，他看來如何？現在，根據你所了解關於他們的早期經驗，思考一下他們與照顧者之間的關係如何？他們成長過程中的經驗如何造就他們如此沉默寡言，而非對你大方展露情緒？他們的早期制約如何展現在你們現在的互動中？（如果你不清楚伴侶的早期生活經歷，你應該找個機會與他們談談這個話題，因為有可能隨著時間有所變化。當你們能抱著好奇心、理解與同理來探索，有可能對你們雙方都會是一個療癒的體驗，也能讓你們變得更親密。）

花一點時間思考腦中閃過的所有可能性。有哪一件事令你感覺很真實嗎？有哪一件事令你感覺是可能的嗎？注意這每一個選項帶給你的感受。注意它們如何讓你產生對伴侶的感受。讓所有出現的新資訊和新感受對你造成影響。與你的情緒體驗「待在一起」，並試著好好接受它。請深刻感受它。

這一切讓你覺得如何？有出現新的觀看及理解你伴侶的方式嗎？你有發現任何新的或不同的事情嗎？你的伴侶有一些讓你覺得很難看到、欣賞、認可的不同面向嗎？有任何新的可能性影響你對他們的感知嗎？你對他們有什麼感覺？

也許你還未曾發現，你伴侶的情緒也非常糾結。他或她可能也很害怕用真誠的方式與你相處。因此她或他常回應你的方式可能其實掩蓋了真正的事實。也許你沒想過你的伴侶到底怎麼了，還有哪些感受正在發生。當我們在氣頭上時，通常不會去想到這些事，但也許我們其實應該這麼做。

因為當我們這麼做，就更有可能得到我們在關係中所渴望的事物。用更寬闊的視角來看我們的伴侶，能幫助我們看到他們更完整的樣貌。我們看見彼此的相似性，而不只是我們的差異。我們能一窺他們隱藏在恐懼之下的自我。我們看到其實我們都想要變得更好，看見雙方都渴望著愛與連結。

我們必須把這樣的意識帶到我們的互動之中，才能做到暫停並反思，同時提醒我們的心——以及冷靜的大腦——知道什麼是真的。接著我們才能用好奇、開放的想法與同理心，試著御下他們的防衛。這麼做對我們雙方都有好處。

傾聽我們的心

如果布萊克試著暫時放下妻子的話，用他的心來傾聽她呢？如果他能往下到自己的內心深處，並試著感受她的情緒體驗呢？也許他會發現某些完全不同的事情？也許他會聽到她的絕望？也許他會感覺到，當他好像要消失，她感到哀傷與恐懼？也許他會注意到她渴望連結？他對妻子有何感受？這會如何影響他對她的反應？有非常大的機率是，他會用更柔軟的方式回應她，避免引發爭執，而且這樣也比較容易讓他們的互動往更正面積極的方向前進。那會是一個非常好的開始。

如果布萊克能這樣傾聽他的妻子，他就能使用他的內在能力來同理、觀察、感受並理解別人的感受。同理心能讓我們去看、了解並愛其他人，同時也能讓我們感受到被人看見、理解，與被人所愛。這一點也不令人訝異，因為同理心是一段成功關係的重要成分。只要雙方都具備同理心就能改變一切，讓每個人都成為贏家！

我們都有與他人產生共鳴的能力。我們天生就有這個能力。請記住，我們一出生，就能敏銳感知我們照顧者的情緒。我們能夠知道他們的感受，而他們也能知道我們的感受，這就是同理心的運用，是我們與人溝通的管道，也是我們如何與人產生連結的方式。如知名精神醫師丹尼爾・席格（Daniel Siegel）所解釋的：「這就是我們如何透過別人『感覺到自己被感覺』。」（註43）但是如果我們不注意觀察自己的情緒體驗，如果我們切斷與自己感受的連結，或被它們掌控，如果我們進入反射狀態，我們就無法運用如此重要的技能。

同理別人的感受必須建立在我們能夠停留在自己當下情緒的基礎上。當我們對自己的感受保持開放，當我們能理解、協調它們，我們就更容易與別人的情緒狀態產生**共鳴**。也就是說，我們能夠有意識地在自己身上感受到另一個人的感受。我們之所以能夠感受到另一個人的感受，可能有部分原因是來自所謂的「鏡像神經元」，這是一種腦細胞，能讓我們了解另一個人的行為、意圖和情緒（註44）。如同它們字面上的意思，鏡像神經元通常不只在我們體驗到自己的情緒時啟動，當我們見證他人正在經歷某種感受，它也會被啟動。所以當我們看見伴侶正在悲傷、憤怒、開心或害怕，我們的鏡像神經元就會被喚起，讓我們有類似的感受。我們會與他們的情緒體驗有所**共鳴**，我們正在像鏡子一般映照出他們，或感受到他們所感受到的。

將我們的內在調整成別人的感受是個很好的開始。但是對別人有同理心需要的不只是與他人的情緒狀態產生共鳴。我們需要檢視他們的體驗，從他們的立場思考。我們也必須使用大腦的思考區域——前額葉皮質層區——來理解他們的感受。我們必須把自己放在別人的立場上，試著理解他們的感受。如果不這麼做，我們可能只是與他們的感受有所同感，但不理解這些感受從何而來。或者我們可能做出僅止於情緒層面，而非思考過的回應，搞混了他們與我們的感受。因此，當我們運用到整個大腦的運作，我們的邊緣系統與前額葉皮質層區在產生「有覺察的同理心」（註45）的過程中，才會兼具生理與心理運作。

因此，雖然同理心的能力是天生的，但為了能善用它，我們需要對情緒更有覺察。我們必須適時調整情緒體驗並與之共處。而且我們必須關注我們的伴侶，以感受且理解他們的感受。我們必須傾聽他們，不只是他們說的話而已，更重要的是，還要注意他們語言以外的溝通——包括他們的表情、語氣，以及身體語言。我們必須給他們機會，讓他們表現出來，並且用我們全部的心力去傾聽他們。

當然，當我們被觸發時，將很難做到這些。當發生這樣的情形，我們很難好好運用自己的感受，或是更清楚地觀察我們的伴侶。我們可能搞不清楚什麼感受是我們自己的，哪些感受是我們伴侶的。舉例來說，我們可能會疑惑：「這是我的感受還是他的？」「這是她的憤怒還是我的？」當我們度過那些最火爆的時刻，我們會回顧那些與伴侶之間交換的感受，並感覺到對那些感受有不同的看法嗎？我們是否能感覺到幾分鐘前沒感覺到的同理心呢？當我們能讓反射行為冷靜下來，並深入到我們內心，我們就能即時感受到這些感受。當我們把事情慢下來，增加刺激與反應之間的空間，我們就能看到事情更清楚的樣貌。我們能發現自我的真實，而且也能感覺到伴侶的真實。這麼做，我們就能好好善用我們的同理心。

當我們與伴侶眼神交會，將能增強我們的共感力，因為眼睛以及眼周的肌肉能表達出一個人的情緒。觀察別人的眼睛可以判讀他們的情緒狀況（註46）。當我們看著伴侶的眼睛，就能更精準探測他們感受與意圖的大腦區域就會被啟動。即使是瞬間的眼神交會，也能讓我們與伴侶的感受「同步」。

但是眼神交會有時也會讓人覺得害怕。不只是因為眼神交會是一件很親密的行為，更因為這能啟動我們關於情緒連結的內隱記憶和恐懼。我們預期伴侶也會用過去照顧者回應我們的方式回應我們，並且預期自己會被拒絕、被打發，或被羞辱。我們害怕將會在他們眼中看到的事情，所以我們避免看著他們。

但是當你迴避眼神交會，不難理解地，你就失去機會去對抗甚至反駁你累積已久的恐懼。你喪失看見自己體驗真實的機會。比起輕蔑，你可能會看到想建立連結的渴望。比起憤怒，你可能會看見受傷與脆弱。比起恐懼，你可能會看到溫柔。事情會變得如何呢？那會怎麼改變你的情緒體驗？當你找到勇氣去注視對方的雙眼，你才會清楚完整地看見你的伴侶，而且如果事情順利，你過去的恐懼將會漸漸消失。你終於可以更新舊程式設定。你能夠更客觀地觀察你的伴侶，並與他們有共感。

當我們善用自己與伴侶的同理心，對我們雙方都有助益。我們觀看他們的視角會變得寬廣。我們能看透他們的防衛面具，直視他們真實的內在。我們會認出並認同他們的脆弱與恐懼。我們的防衛會弱化，恐懼會降低，然後心房會打開。我們會聽見來自核心自我的智慧，並且會很直覺地知道該怎麼做以讓事情變好。我們內心會充滿憐憫，我們會懂得使用更具關愛的方式來回應他們。我們會往好的方向前進。

最後，請進行以下的練習，這能幫助你增強對伴侶的同理心。

用心傾聽

當你與伴侶互動，試著進行以下的練習：

試著全心關注你的伴侶，讓他或她表達自己，不要打斷他們。先放下批評，試著帶著好奇心傾聽他們所說的話，但也試著注意那些話語底下的感受。當他／她說話時，用身體去理解，並試著感受你的伴侶正在感受的。讓你的鏡像神經元開始運作。

注意你伴侶的非語言提示（例如臉部表情、說話語氣、身體語言）。注意你這時的內心變化，並關注身體的感覺。與你的伴侶眼神交會，即使只是一瞬間，也請注意你在他或她眼中所見。注意你這麼做的時候，你的情緒是否有什麼變化。

藉由感受伴侶的情緒體驗，思考為何他們會有此刻的感受。試著想像如果你是他們，情況會是如何。把自己放在一旁，用他們的視角來看。注意你這麼做時，你對伴侶的感受如何？你傾向如何回應？你的內在覺得要怎麼做才是對雙方最好的？

如果你很難與你的伴侶有情緒體驗連結，試試看想像他得或她小時候的情景。用你心靈的眼睛來看這個孩子的臉。注視她或他的雙眼，注意你內心有什麼感受。注意你身體的變化。你對這個孩子有什麼感受？這會讓你對伴侶產生什麼樣的感受？你覺得你會傾向如何回應？

接著，如果你想與你的伴侶分享你對他們情緒體驗的理解，你可能可以說：「我感覺到你正覺得——。」然後問他們的意見：「我猜對了嗎？」看看這樣的理解對他或她來說是否是正確。如果正確，注意你的伴侶被別人這樣認為時，情緒上如何反應，讓他或她的體驗反射到自己身上。注意這讓你感覺起來如何。如果你無法精確理解他們的感受，請帶著好奇心接受這個意見，不要氣憤於被糾正，或是因為猜錯而崩潰。如果你還不能與他們非常有共鳴，可以詢問伴侶更多細節，讓他們幫助你更加了解他們的體驗。你的伴侶應該會很感激你的興趣與關心，以及你真心希望能夠了解她或他。

這一切感覺起來如何？當你試著與伴侶的體驗有同感，感覺如何？你能否先把你大腦的思考區域放一邊，用心傾聽？你是用你的感受來建構對伴侶的理解嗎？這些能否說明你對於關係中互動的理解呢？你的觀點改變了嗎？如果是，如何改變？想像一下，當你將這種對伴侶的深切感受運用在下一次關係衝突時會是如何？事情會有什麼改變？

覺察的互動

讓我們回到布萊克的故事。

如果布萊克拿出勇氣向他的妻子坦承自己，他將有很多不同選項。

他可以單純地跟她分享他當下的感受——充滿壓力、被淹沒、想要逃離。

他可以讓妻子知道自己怎麼理解她說的話，以及不確定要怎麼面對。

他可以對自己的分心道歉，並表明自己與她同樣因彼此之間的距離而感到不安。

他或許能讓她知道，他也想與她建立連結，卻不知道該怎麼做。

他可以承認，自己內心感到很害怕。

然後，會怎麼樣？布萊克接下來的應對完全取決於他妻子的反應。她會軟化態度，且願意大方交談？或是她仍然持續抱怨？她是否能聽見他的心聲，或者她的防衛系統會阻止這樣事情發生？兩種都有可能。這兩種情況曾經頻繁出現在他們之間的互動中，所以已經變得難以改變。可能需要更多次嘗試，才能讓他們有能力改變事情的發展，往更不同的方向前進。

那麼布萊克要做什麼？他該怎麼面對接下來的各種可能性？他要如何讓他們之間的交流往積極方向前進？他要如何增加這樣的可能性？

為了與伴侶互動時能更加順利，我們必須注意一些事情。首先是我們自己的情緒體驗。我們必須理解、協調並管理自己的情緒體驗，並盡全力保持開放、接納的狀態。

我們也需要理解我們的伴侶，傾聽他們述說，感覺並理解他們的感受，然後明智地回應。甚至，我們必須隨時注意我們之間的變化。溝通的管道是否暢通？雙方正一起努力，還是步調並不一致？能量在流動，或是停滯？

如果我們沒有覺察到這些變化——我們內心的變化、伴侶的變化，以及我們之間的變化——我們可能會變成兩條平行線，導致與伴侶之間的互動變得非常困難。

練習情緒覺察是關鍵。透過持續觀察，我們能有意識地觀察到與伴侶互動時的各種片段細節。

三角圖能再次在這裡提供我們寶貴的協助。除了幫助我們追蹤自己與伴侶的情緒體驗，也能用它來了解我們之間的變化，並想出接下來的因應之道。舉例來說，在任何時刻，我們都可以判定雙方間的溝通管道是暢通還是阻滯，抑或是介在兩者之間。這麼做能讓我們清楚得知接下來該怎麼做。這樣一來，三角圖會變成類似溝通的「紅綠燈」工具，幫助我們知道什麼時候最好該停止、等待，或是行動。

運用覺察溝通專家蘇珊・吉利斯・查普曼（Susan Gillis Chapman）的研究，我們可以把三角圖的各個頂點看成不同顏色的紅綠燈（下頁見圖一，註47）。例如，當我們互動，其中一人開始進入反射模式（三角圖的防衛角），我們可以想像就好像是號誌燈變紅了。這就告訴我們，溝通已經停止，是時候該暫停並重新組織我們其中一方或雙方的對話。相反地，當我們雙方都處在開放的情緒中，並且願意接納整個狀態（三角圖的感受角），我們可以想像成是號誌燈轉綠，繼續敞開心胸分享是安全的。而當我們之中任何一方處於被觸發的邊緣（三角圖中的焦慮角），我們能把它想像成是號誌燈轉黃。這是在告訴我們，我們必須慢下來，小心謹慎地前進。

紅綠燈圖像法能幫助我們辨識出不同的溝通體驗，並且注意到各種情形帶來的後果。因此在任何時刻，當我們與伴侶互動時，都能參考三角圖，以引導我們什麼時候才是前進的最佳時機。

當號誌燈轉紅

在某些時刻，當我們試著與伴侶分享感受，我們可能會情緒太過激動，以至於無法用有建設性的方式進行。我們的威脅警報響起，防衛系統啟動。我們可能會往內退縮，或是封閉自我。或者我們也有可能把對方推回去、爭論，或是說出傷人的話。當發生這樣的狀況，就是號誌燈轉紅的跡象了。我們進入自我防衛狀態，不再能清楚地看或傾聽我們的伴侶或是我們自己。健康溝通的連線已經關閉。在這樣的時刻，我們

覺察溝通的三角圖

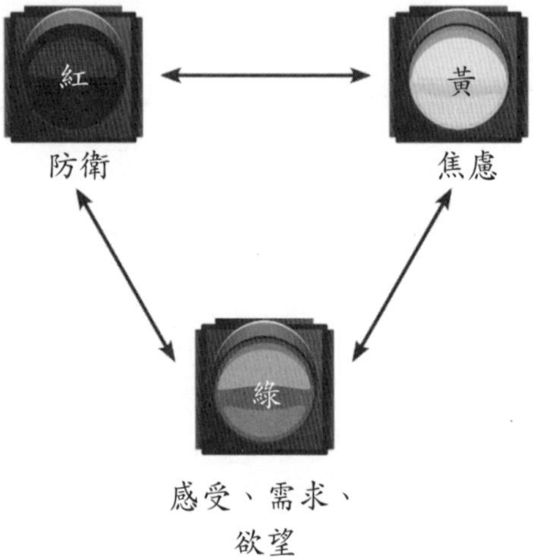

最好停止。我們需要暫停一下，並讓內部啟動機制冷靜下來。在更有效率前進之前，我們需要讓自己重回更專注的狀態。

需要停止多少時間才能回歸正常狀態，取決於我們的情緒。有時候我們只需要很快的一瞬間，就可以將內部被啟動的部分冷靜下來，回到專心的狀態。我們可以暫停、穩定自己，做個深呼吸，然後慢慢吐氣——可以使用任何能讓煩惱冷靜下來的方式——然後漸漸回歸到對話。但是有時候，我們可能會需要更長一點的時間。我們可能會需要花更多時間來完整關照情緒被觸發的部分。當發生這樣的情況，我們可以運用

「暫停、放下，然後停留」的工具來逐漸看清與平復我們的感受，並照顧我們內心的孩子。當我們更清明，我們將能區別什麼是過去，什麼是現在，並且感覺更平衡，然後我們就能夠重回對話。

不論是稍微暫停一下，還是來個中場休息，都最好讓伴侶知道我們怎麼了，以及我們需要暫停一下。一般來說，不成熟地「離開」與伴侶間的對話，且不給任何解釋，並不是個好做法。這麼做很可能會激怒他們，只會讓事情變得更糟，特別是如果他們也感覺到被觸發。我們可以透過告訴伴侶我們當下的狀態，以避免製造更多不必要的煩惱。我們可以告訴他們，我們只是需要一點時間。我們可以向他們解釋，我們感到被觸發，或是覺得有點要被情緒淹沒了，因此需要休息一下。我們也應該向他們保證，我們並不是要從對話中退出，我們是想要回來，只要我們能回復精神專注的狀態，且能夠保持有建設性的態度，這樣做對這段關係是最好的。而我們當然需要這麼做。

紅色的另一面

紅色號誌燈也出現在伴侶被觸發時——當他們也被防衛系統控制住，而且很明顯地一點也不會讓步。這就是他們處於受威脅模式的跡象，他們此時再也無法聽見我們或接受我們，健康的溝通已經遠離了。這就是我們需要停止的明確跡象。但這是我們常常忽略的。為什麼？因為當我們的伴侶開始變得有防備心，我們的警鈴也開始作響，一瞬間，我們的下層腦就會進行接管——也就是我們被觸發了。我們的伴侶說了一些批評的話，於是我們立刻感到需要為自己還擊或是辯護。或是他們退縮了，我們因此感到難過而想追逐他們。在你發現以前，我們又做出慣常的舉動了。

但是如果我們把覺察帶入這些時刻，就可以避免讓情況失控。我們能夠看出伴侶與自己的狀態，並控制住我們的防衛反應。我們可以暫停一下，讓自己冷靜，並諮詢內心的智慧。我們直覺知道，在進入戒備狀態時，不會帶來好結果，一定是兩敗俱傷。當我們有覺察，我們就能及時運用這些寶貴的知識。當我們有覺察，我們會知道最好該做什麼，為了我們自己、我們的伴侶，與我們的關係，最好的建議就是停下來。

如何做出這個建議很重要。由於我們的伴侶已經處於觸發狀態，我們最好多用「我們」開頭的句子，而不是「你」。例如「我們可能應該休息一下」而不是，「你應該要休息一下。」看到不同了嗎？雖然我們並沒有進入反射狀態，但使用「我們」句型而不是「你」，聽起來溫柔多了，也比較容易讓伴侶接受。他們比較不會把它聽成指責而產生被責怪的感覺。而且，這樣的句型也表達出我們很在意這段關係，我們是同一陣線的，不是對手。這是更有愛意的表達方式。

當號誌燈轉綠

當我們在接受狀態，就是號誌燈轉綠。我們緩和了防備、戒心，能夠表達出情緒上的脆弱。保持溝通連線的暢通，能量也能雙向流動。我們將能夠傾聽自己，也能傾聽我們的伴侶。我們也能夠保持在當下的情緒，並且維持連結。我們的心與大腦將一起合作。簡單來說，我們在相處中感覺以及處理情緒。

此時情緒覺察以及前面提過的四步驟練習會幫助你成長。藉由保持覺察，藉由觀察和參與我們的體驗之間保持平衡，通過持續把自己帶回當下，我們就能夠專心在接納的狀態中。

當綠燈亮起，就顯示我們持續前行是安全的。我們的任務就是要抓住這樣的機會，來冒險並分享更多關於自己的情緒，探索任何與伴侶共處與創造連結的新方式，並使用覺察的技巧來穩定前進，以保持航行在我們的軌道上。

但是當我們期待往未曾被開發過的情緒區域邁進，我們可能並沒有察覺綠燈已經亮起。我們會感到焦慮或害怕，表現得像是我們遇到了危險。通常，這就是我們舊程式出現的跡象。我們的神經系統還沒適應要做出不一樣的行為。我們和伴侶之間還沒有經歷夠多的建設性體驗，來讓我們了解其實我們是在安全區域。唯一可以讓我們發現此刻狀態其實很安全的方式，就是往前靠近並試著打開心胸。我們需要克服最初的焦慮，才能讓我們確實停留在當下，並看見我們沒事，一切都會好起來。我們越常這麼做，當綠燈亮，我們會更清楚察覺到。事實上，我們可能會發現綠燈亮的時機比我們想像中還多很多。

事實上，綠燈亮的區域並不會讓我們免於不安、緊張和焦慮。當我們想要冒險在伴侶面前表現出脆弱；或是當他們願意冒險與我們分享他們的脆弱；當我們要表達困難的感受或是試著提出艱難的議題時，我們無可避免地會有這些感受。但是當我們用覺察的方式專注在與伴侶的相處上，當我們能敏銳察覺雙方的情緒體驗，並且努力保持不失控，綠燈就會持續亮起。我們需要做的就只是這樣。我們需要持續使用覺察工具來與我們的不舒服共存，並度過那些情緒。我們要理解伴侶的體驗，保持在當下並保持開放，但也要敏銳地做出回應。如此一來，就能增進我們的情緒容忍度，延長綠燈亮的時間。

綠燈的另一面

說到延長，如果我們的伴侶願意冒風險，對我們表現出脆弱與開誠布公的態度，又會如何呢？我們會更為敞開心胸來回應嗎？我們能展開雙臂迎接他們的情緒表達嗎？我們的號誌燈一直是亮著綠燈嗎？

有些人可能會認為，這是重要的分水嶺，也就是我們最希望伴侶可以做到的事情總算有所成果——他們卸下防衛，展現出自己的另一面。我們的伴侶有可能敞開心胸，分享他們的渴望、受傷、哀傷，或他們的愛，然後我們感受到了，並感動了我們。

但是有時候，停留在我們伴侶的感受當下可能很困難。有時候，我們除了以正面的感受來回應，也可能會面臨痛苦的情緒，例如去面對過去還未消化處理過、長期被埋藏在心中的感受。當我們接受伴侶的溫柔與關照，也可能產生完全與當下相反的情緒，例如當我們需求沒被滿足、當我們不被看見、重視，以及對方沒有以我們渴望的方式愛我們時的悲傷與痛苦。

雖然相反的感受可能會造成一點微小的內在危機，但這其實是件好事。在心理學家克里斯多福・葛莫（Christopher Germer）《通往善待自我的覺察道路》（*The Mindful*

Path to Self-Compassion）一書中，指這樣的過程為「復燃」，也就是當消防隊員打開失火處的門，因為外界的氧氣衝進室內，導致瞬間燃起一陣火焰（註48）。當我們打開心要滋養情緒，當我們接收到伴侶的愛、溫柔、關懷或是認可，有時候就會釋放出痛苦的感受。這些痛苦的感受正在離開我們，讓我們有空間可以容納新的感受。

我們在這階段的工作就是要保持在當下、接收，停留在迎面而來的感受上。好好感受被看見、被理解、被關懷，與被愛，放下過去無法得到這些的悲傷與痛苦。我們需要努力停留在此刻，透過呼吸把氣吸到那些緊張與收縮的部位，讓它們打開，並讓那些痛苦的感受離開我們。我們發展出心理學家黛安娜·佛莎所稱之為的「接受情感的能力」，也就是我們接受伴侶情緒的能力——包括他們的關愛、同理心、鼓勵、認同與愛（註49）。當我們這麼做，我們就改變了我們的關係程式設定。我們更新了對於伴侶與自己的內部認知，以及我們能在關係中期待的事情。

我們虧欠自己太多，應該嘗試接受美好的事物，來療癒過去的傷痛。我們也虧欠我們的伴侶，他們需要感受到他們對我們的影響。我們都需要感覺到被接納，都需要感受到被感受。我們都需要感受到自己存在我們所愛的人心中。

當我們在綠燈亮的區域，我們就能付出也能接受。雖然有時候會覺得有些困難，但還是有正確與真實的感受，讓我們知道與伴侶之間所發生的事情是有建設性的。我們正在變得更好。

我們需要對這些事有覺察。我們需要意識到正在發生正面積極的事，並承認這個事實。我們需要告訴伴侶自己很珍惜能夠這樣談話，使我們能夠對彼此坦誠，呈現出雙方的脆弱。我們需要讓他們知道，當他們願意打開心房，也騰出空間傾聽我們，是多重要的一件事，同時也對他們的理解、敏銳的觀察以及關懷表達感激。當我們給予認可與肯定，將能營造出更多與更寬廣的綠燈區域。

當號誌燈轉黃

當我們瀕臨被觸發，黃燈就會亮起。某件事按下了我們的按鈕，我們的神經系統即將展開行動。如果我們不注意，如果我們不仔細觀察我們的情緒變化，我們可能就會錯過它。我們不會看到號誌燈轉黃，我們不會注意到我們要開始感到不舒服。我們的心跳會開始加速，呼吸開始變淺。我們不會察覺自己將被觸發，且一股腦地闖入了紅燈區——進入**戰鬥**－**逃離**－**或不動**反應。然後，你已經很熟悉接下來故事的發展。

我們目前為止所做的努力，都是想延長黃燈變到紅燈之間的時間——也就是刺激與反射之間的距離。當我們能夠做到這樣，我們就能發現自己被啟動了，應該讓自己冷靜下來，找到我們的立足點，然後想辦法回到綠燈狀態。我們能繼續與伴侶相處，不至於走進死胡同。這就是號誌燈轉黃時我們該做的。

如你所知，辨識情緒變化的關鍵在於我們是否關注自己的感受體驗，也就是我們身體發生的變化。當我們覺察內在狀態，並敏感於這些跡象的變化，我們就能知道自己什麼時候被觸發。我們能夠從體內升起的能量得知，在那些時刻，我們必須使用焦慮調節技巧。例如我們可以辨識並標誌出自己此刻的狀態，而且能夠專注於呼吸上，並慢下步調，然後就能專注於觀察自己的體驗。

還有另外一種可能是，當號誌燈轉黃，我們能夠當自己的小幫手，如同字面上所說，就是使用手。這是一個簡單卻強大的技巧，我們必須找出身體哪個部位感覺到被啟動，然後把一隻手放在上面（註50）。我們可能會把手放在胸口、腹部與身體側邊——任何我們感覺到緊張、收縮，或是激動的部位。這麼做能夠讓我們冷靜且踏實。就好像我們讓那個被啟動的自己知道我們正在關注它。我們看見它也正在傾聽它。我們會沒事的。我們讓它知道可以放心。我們不是處在危險中，我們有能力解決這個情況。就如同我們區分出了成人的自己與憂愁的、內心的孩子，讓核心的自我來領導這一切。

一旦減緩緊張的狀態，就能接著談我們的狀態。我們可以將體驗到的感受描述出來，而不是自己默默體驗而已。我們可以承認自己有衝動，差點要衝出去，或是不表現出來封閉自己。這麼做能讓神經系統冷靜下來，並更加平衡、掌握我們的感受。我們讓自己的觀察員參與其中，並確保大腦左右半邊同時運作。

所以與其讓你的煩惱控制你，不如好好觀察並把它說出來。像是你可以說：「我注意到我開始有點激動。我好像怎麼了，但我試著要保持冷靜。」或者「我開始感覺到自己正提高防備，但我不想讓這件事掌控我或是說錯話。」你可以試試這種說法：「有一部分的我想要逃跑，但是我試著留在當下。」「我認為我內心的小孩現在有點焦慮。他很害怕——。」然後你可以向伴侶清楚說出他們對你的影響，你可以說：「我想要能夠聽到你在說什麼，但是你此刻對我說話的方式，很難讓我好好聽你說。」「當你不回應，我會焦慮。我害怕自己可能要失去你了。」或者「當我說話時，你表現得不太關注我，這讓我有點在意。」

說這些話的時候，你可以放慢步調並降低音量。這兩者都能幫助我們調節內在體驗。當我們開始感覺到自己被觸發，通常很容易說話會變快、變大聲。兩種都是我們神經系統開始活躍的跡象。放慢說話速度、聲音輕柔能幫助我們移動到另外一個方向，也可以加深我們與自己的連結，並更加專注於感受上。

黃燈的另一面

當然黃燈也可能指的是我們的伴侶。我們之間發生了一些事情，而他們開始被啟動。我們能察覺得到、看得到、感受得到。雖然他們最終還是必須對關照、調節自己的內在體驗負責，但是我們能夠幫助他們。特別是當他們很明顯地陷入困境。讓我們的體驗專注在當下，這麼做對雙方都有益處。

所以你可以說些什麼？你能為你的伴侶認出有事正在發生，並提議他放慢腳步。你可以說：「你似乎有些反應過度。讓我們慢下來。」你可以表達出你感受到的同理心：「我察覺到你現在覺得害怕（或是焦慮、受傷、脆弱等等），我也有同感。我想要幫忙。我希望能支持你。」你可以很簡單地提議你們雙方都暫停一下。暫停交談期間，能讓雙方有些空間來反思，並重回專心的狀態。你也可以給他們一些時間，如果他們在進行其他步驟前有這個需要。此外，你可以用冷靜、輕柔的聲音與他們對談，並放慢你的語速，因為這樣能夠讓他們的神經系統也冷靜下來。

我們也可以試著覺察我們影響伴侶的部分，也就是我們的反應與行為影響到他們的部分。舉例來說，如果我們被啟動，且似乎開始封閉自我，或是瀕臨要爆發的邊緣，我們伴侶的依附系統可能會開始作用。根據他們自己的程式設定，他／她可能會發現到我們之間的變化，並認定這是威脅而受到觸發。

當我們覺察到這些動態，可以藉由告訴他們自己的狀態以減輕伴侶的煩惱。例如，如果你開始變安靜，你可以告訴他們你並沒有退縮，但你需要一些時間思考，以讓他們安心。或者你可以對他們解釋，雖然你剛才聽起來有點生氣，但你的內心其實感覺非常脆弱且焦慮。藉著敏銳覺察你伴侶的體驗，你就能幫助他們停留在綠燈區，你們雙方都會因此受益。

注意當我們與伴侶互動，產生的情緒動態能讓我們更能掌握他們的狀態。當我們理解彼此之間發生的情況，就能對於如何回應做出更好的選擇。我們可以在紅燈亮起時停止。我們可以在轉黃燈時慢下來並小心翼翼前進。我們更可以在綠燈亮起時，更自由地往前邁進。

我們能夠培養能力去理解這些動態。越是練習，我們就越能在與伴侶溝通時，認清自己的狀態，也能將體驗帶往更有助益的方向。所以請掌握每一次可以練習追蹤體驗的機會。當你已經與對方互動一整天，甚至在情緒很低壓的情況下，都要注意你的感受。注意能量的狀態，注意溝通管道是暢通還是封閉的，或是介於兩者之間。注意你究竟是得到綠燈、黃燈，或紅燈的信號。那個號誌顯示的是誰的狀態？你的？對方的？還是雙方的？反覆不帶批判地觀察這些動態，將能幫助你培養與伴侶互動時的覺察能力。

靠近

與伴侶分享更多自己的事情可能很困難，可能會讓人感到不舒服。但也就是這個不舒服的感覺告訴我們，這麼做是對的。它顯示出我們卡住的地方，我們一直在壓抑些什麼。也告訴我們恐懼在哪裡阻擋我們前進，阻撓我們發展潛力，但也告訴了我們機會在哪裡。我們要辨認出這些訊息並靠近。我們必須找到方法度過這些不適，並完整地待在我們的關係中。表達出我們一直都害怕分享的核心感受、需求，以及欲望，這才是通往健全關係的道路。

我們不需要一下子就做到完美，可以一次一點點地向不適靠近，並分享我們的感受。當不舒服的感受稍微緩和（它會的），我們就可以再更向前靠近，再分享更多。

我們可以運用覺察技巧來緩和這一切，讓自己慢下來，去注意身體的變化、伴侶的變化，以及我們之間的變化。我們可以在此時此刻讓自己靜下心來，接著再更靠近對方一點。隨著時間過去，我們與伴侶停留在當下情緒的能力將會提升，恐懼將會消退。

向我們的伴侶敞開心胸，讓他們看見我們完整的樣貌，這是愛的行動。如布瑞尼・布朗（Brené Brown）指出：「當我們讓最脆弱與強力的自我被深刻地看見與了解，我們就培養出了愛。」（註51）我們會尊重自己與所愛的人。我們會創造出我們想與伴侶所擁有的關係形式，成為我們理想中的人。我們將把過去拋在腦後，更專注於此刻。

這就像是在這章節之初所提到的布萊克的例子。他抓住了機會。他把腳趾伸進水裡，並開始進行情緒之旅，這將徹底改變他以及他與妻子之間的關係。他做了什麼？他讓自己的情緒保持開放。他向前趨近，並開始與妻子分享他的感受。他那些舊程式告訴他，他的情緒——擔憂、恐懼、失望與他的悲傷——已經越界。

這對布萊克來說當然具有挑戰性。有時他和妻子會陷入舊有的行為模式中；有時候他們的防備心會掌控他們。但不可避免地，在塵埃落定後，布萊克會回來並持續向前，這歸功於他的妻子，她也是如此。他們都持續往前靠近，分享更多關於自己的事，讓其他人進入自己的世界。隨著時間過去，他們之間常出現的緊張氣氛漸漸消散，取而代之的是深刻的連結感、親密感與安全感。

現在，回顧過去，布萊克對於自己的變化大感震驚。隨著不再被他的早期制約限制住之後，他體驗到非常不同的自己、他的妻子，和他的關係。他解釋道：「我覺得我的妻子和我現在是夥伴，我們有相同的立足點。相較過去，我感覺自己好像一個小孩，而她很像是一個權威者。我很害怕讓她看到我的內心，或是表達出我的感受，所以我不會那麼做。但是現在完全不同了。我不再感覺受到批評。我不需要隱藏。我感覺現在很安全。現在我可以說：『我感覺到這個或我沒感覺到那個，或者這就是我需要的。』我以前根本就不可能會這樣做。」

接著，布萊克反思他曾經感到被迫要試圖逃離他的感受，他現在能運用他的機械知識來描述他的體驗，他說：「我以為我可以快速熬過我的感受而不受影響。但這就像試圖要切開液體一樣，根本做不到。你可以用手在其中滑動，當你以為把它分開了一秒鐘，它又會回歸成一體。這就是我感受到的情況。它們總是會回復成原狀。壓力一直都在。」

「現在，我不需要從它們中間跑開了。我不需要逃跑，我可以靜止，感覺它們經過我。現在我可以只是在那裡。我可以只是我自己。這點完全沒有問題。」

章節筆記

- 針對困難的討論，用「軟起頭」開啟話題，對事情的發展會有正向的影響。
- 對我們的伴侶表達感受時，用體驗三角圖能幫助我們使用適當的語彙來表達情緒體驗。
- 使用片段的語言，或是提到我們內心的孩子，都能讓我們與伴侶更容易討論感受，也能幫助我們傳達出情緒體驗的複雜程度。
- 當我們與伴侶分享感受，我們討論的重心應該放在降低戒心，並增加對彼此的接納上。
- 用「初學者的心態」來看待我們的體驗，能幫助我們用全新的眼光來看待我們的伴侶。
- 同理心能幫助我們感受、看見，以及愛另一個人，也是建立成功關係的關鍵元素。
- 眼神接觸能加強我們同理他人的能力，因為眼睛周圍的肌肉能傳達一個人的情緒。
- 當我們與我們的伴侶互動，我們需要覺察自己的情緒體驗、對方的情緒體驗，以及我們之間產生的變化。

- 用三角圖來說明「紅綠燈」概念，能幫助我們了解自己與伴侶對談時，什麼時候是**停止**、**等待**，**或者前進**的最佳時刻。
- 接納正面的感受有時候會帶來過去的痛苦感受。接受兩者將會讓你感到療癒。
- 在伴侶面前毫不保留地表達情緒是一個過程。隨著時間經過，我們能夠與伴侶專注在當下情緒的能力將會增強，我們的恐懼將會消褪。

第三部

學會與情緒共處

Chapter 7

照顧與處理內心的各種感受

「被某人深深愛過會帶給你力量，而深愛某人會帶給你勇氣。」

——老子*

本書書寫至此的主要目標是擁有更好、更令人滿意的關係。而達成如此的關鍵在於情緒覺察的能力，亦即要能夠觀察理解自己與伴侶，要能夠管理並表達自己的情緒，同時也要留在當下、專注參與，有所回應，這樣才能度過那些難關，並看見通往更好方向的道路。這就是讓我們在關係中感到安全與有保障的方式，也是強化我們與伴侶之間連結的辦法，更是加深愛意的方式。

這就是安全型依附類型的人能帶到他們關係中的態度。他們能夠全心展現並運用他們的感受，同時還能與他們的伴侶保持連結與專注。但這不是因為他們擁有某種超人力量，而我們其他人不幸地沒有這樣的能力。要記住，我們表達感受、情緒與他人連結的能力，以及愛人與被愛的能力都是與生俱來。我們降生於世時，早已具備了這些能力。

最主要的差異在於，有些人在早期人生體驗中，這些能力曾被滋養，他們的情緒發展受到支持，然而有些人沒有。那些屬於不安全型依附類型的人體驗過那種恐懼，也就是萬一表現出真實的自我，可能會失去最重要的關係。為了要保持與我們照顧者的連結，我們發展出處理方法來管理那些常被壓抑的內在核心感受。這些方法能有一時的幫助，但現在卻阻礙了我們的情緒成長，傷害了我們今日的關係。

好消息是，雖然我們已經錯過機會來感受、處理，以及和那些發展情緒的能力相處，但它們其實沒有期限。它們並不屬於「不用就消失」的類型。它們都在我們的心中，等待時機出現，準備好被徵用。我們只是需要喚醒、滋養，以及強化它們。如果我們有意願也準備好了，它們就隨時都在那裡等著我們。唯一讓我們遠離它們所帶來益處的，則是來自早期制約的拖延——恐懼。

這其中就是我們努力的重點——把我們從久遠、無關的恐懼中解放，重新取回天生的情緒能力。挖掘核心自我中那些被埋藏已久的面向，讓它們重新與我們結合成更

＊註：此非老子所說，恐是作者引用有誤，原出處不明。

完整的自我。讓我們積極努力表達自己，不論多小或多片刻，都給它一個機會。擴展並加強我們的情緒內涵，讓我們可以將完整與最好的自我帶進我們的關係中，成為我們想要成為的人。

我們都有能力發展出後天習得的安全型依附類型，只要我們學著在關係中留心去感受、處理與相處。不要讓防衛系統掌控我們，而是讓我們的核心自我浮現，並往前跨出一步，開放直接地表現出我們的感受。不要感到被淹沒或是封閉自我，而是冒險做出不一樣的舉動。我們可以找到方式來展現出習慣隱藏的面向。我們可以表達出真正的感受、需求與欲望，並同時與伴侶保持在當下的情緒中。這就是認真去愛的意思。這麼做能夠讓我們有能力區分出核心情緒與我們的防衛和憂慮，讓我們可以辨識並努力在我們的感受上，做出真誠且有建設性的反應——一個符合真實自我，以及我們希望在關係中想成為的樣子的反應；一個可以幫我們與伴侶抵達更好境界的反應。這就是前面四個章節的練習所能幫助我們的。讓我們花點時間來複習目前為止的四個步驟：

步驟一：辨識並指稱——辨識出我們被觸發的時刻（當我們開始激動，並且回應得充滿防備與抵抗），接著說出感受的名稱。

步驟二：停止、放下，然後停留——慢下來，向內關注，並度過我們的情緒體驗。

步驟三：暫停並反思——後退一步，釐清我們的情緒體驗，傾聽它正要告訴我們的訊息，再找出最好的回應。

步驟四：有覺察地相處——用心表達我們的核心感受、需求與欲望，用有建設性的態度專注地與伴侶相處。

這四個步驟分別提到了情緒體驗的不同方面。雖然這個順序是設計成我們被觸發時的指引，但若有需要，它們也可以單獨分開運用。我們可以用它們來探索我們情緒的各種面向。

例如，我們可能在某些時刻發現自己正被某種情緒觸動（例如感到胸口緊縮），或是開始充滿防衛地回應（例如音量變大，或是開始想結帳離開），此時，我們開始深呼吸，讓自己冷靜下來，然後試圖用比較接納的態度重新與伴侶相處。這裡，我們就運用到了步驟一的練習（「辨認並指稱」）。在其他時候，我們可能發現自己產生了某些感受，而想要努力停留在當下的情緒體驗中。這就是步驟二的練習（「停止、放下，然後停留」）。還有其他時刻，我們可能會反省自己之前發生的某個情緒體驗，想要弄清楚是怎麼回事。此時，我們就是在做步驟三的練習（「暫停並反思」）。或者當我們與伴侶相處，我們可能會注意到自己有些變化，所以我們想讓自己慢下來，並注意我們之間發生了什麼。這就是步驟四（「有覺察地相處」）。

這幾種情形中，我們都在努力要更深入感覺我們的情緒體驗。有時候，這就是我們讓自己回復正常的方式——注意到當下的變化，做該做的事情。但是有時候，當我們的舊程式再度現身，就必須依循完整的四個步驟來執行整個流程，才能好好探索我們的情緒體驗，以好好運用它們，幫助我們辨識那些自己經常忽略的感受、需求與欲望，並拿出勇氣與對方分享它們。

從本書開頭至此，我們一起經歷的這漫長旅途中，已經分別檢視過這四個步驟。現在則必須把它們放在一起。在本章中，我們會提到三個人，三個人都各自屬於不同的依附類型，讓我們來看他們如何在生活中運用這四個步驟。雖然他們的故事各不相同，每個人都有自己獨特的生命歷程，但他們的體驗是普世皆有的，因此能提供我們一個機會，看看我們自己可以怎麼使用這四個步驟。

讓我們從第二章遇到的克雷格開始。

拿出勇氣去感受

克雷格在出差一星期後，此時總算坐在回家班機的座位上。出差期間，他有比想像中還多的休息時間，他發現自己都在想著與未婚妻莉蒂亞的關係。克雷格對於他們之間碰到的困難感到相當悲傷，他對於關係是否要更往前一步也猶豫不定，而這帶給莉蒂亞痛苦。趁著出差離開一陣子把距離拉開，克雷格看得更清晰了，其實是他一直以來築起的屏障，讓莉蒂亞無法靠近，這讓他感到困擾。

克雷格發現他很想念莉蒂亞，對她充滿愛戀，想要伸出手拉近與她的距離。他們在一起時模糊的感受，現在在他內心變得非常清晰明確。克雷格思索，如果他對莉蒂亞展現出他真實的感受，她會做何感想？如果他能夠准許自己展現脆弱，並對她敞開；如果他可以表達心裡的感受，告訴莉蒂亞她對他有多重要；如果他可以更公開、開放自己的心，而不是被恐懼所限制，會是什麼樣的情況？哪些事會變得不同？他想要知道，但是這麼做之後可能會發生的結果又讓克雷格感到害怕。

如果我現在不能好好地經營我們的關係，我什麼時候才要做？克雷格在飛機起飛時這麼對自己說。

變得有意識

在克雷格開始心理治療前，逃避型依附類型根深蒂固地影響著他。他在破碎與充滿爭執的家庭中成長，為了生存，他深刻學習到要壓抑真正的感受，並拒絕對於親密感的需求。他的神經系統被內隱程式所掌控，因此對他來說，親密感與連結充滿威脅，他也因此不信賴親密伴侶，這使他既安全又孤獨。早期依附經驗使克雷格陷入幾個固定的回應模式，使他無法發展出他內心深處真心嚮往的關係。

克雷格最大的問題就是他無法意識到，為何他難以擁有一段理想的愛情？他不知道他的覺知和行為被過時、遙遠的內部運作模式所形塑。就克雷格而言，如果莉蒂亞退開一些，不要繼續讓他難堪，一切就會沒事。如果她能給他一些空間，他可能就會回來。不是嗎？克雷格沒有發現自己只是重複地被觸發，在關係中做出充滿防備與抵抗的反應，就如同他處在危險中，必須保護自己。他沒有意識到自己的早期程式設定已經開始為他主導了一切。

為了讓克雷格能夠從自己早期迴路的制約中獲得解放，並讓他的關係往更健全的方向邁進，他必須增強自己對於情緒的意識，並敞開心扉。他需要開始練習那四個步驟。

克雷格做的第一件事就是慢下腳步，專注在情緒所發生的變化上，以**辨認並指出**當自己被觸發的時刻。但是克雷格並不習慣慢下來，那不是他慣常的行為模式。相反地，克雷格習慣以衝動行事，這在工作上非常有效，但卻會毫不留情地摧殘他的情感生活。他還沒按下情緒激動開關之前，他的防衛系統就已經開始運作。他會開始和莉蒂亞爭執，質疑並挑戰她，且試圖為自己辯護。或者他會陷入一串負面想法之中——懷疑莉蒂亞是否值得信賴、質疑她的聰明才智、把她的行為看成是要求太多，且不吸引人——這都導致他們遠離彼此，或是一方決定封閉自我。

克雷格在與莉蒂亞互動時很難踩下煞車，當下，他總是被火爆點燃，接著就被牽著鼻子走，失去控制。為了放慢步調，並即時觀察自己，克雷格必須在沒那麼激動時，花時間建立他的情緒覺察技巧。他需要趁鐵冷的時候敲打，而不是熱的時候。這樣做能讓他加強上層腦與下層腦的連結，特別是他的大腦前額葉皮質區與杏仁核。這樣一來，當杏仁核被啟動，他就更能管理他的威脅反應。

所以克雷格前來進行心理治療時，我們會進行專注在情緒上的練習。克雷格會敘述某一次與莉蒂亞起爭執的事件，而我會要求他在敘述時暫停，以仔細觀看他內在的情緒如何變化。當克雷格放下他的防衛心，並專注於他的感受體驗，他驚訝於他在身體上所發現的——他的胸口會緊縮，心跳加速，胃部會收縮，這些都是焦慮的典型症狀。他並沒有察覺到他的神經系統已經被啟動，因此才會促使他用充滿防備抵抗的態度回應。但是藉著放慢行動，製造出多一點空間，以及我們在第三章所學到的三角體驗圖的協助之下，克雷格開始解開他情緒體驗的各種元素——他的感受、焦慮和防衛——並弄清楚自己到底怎麼了。

接下來，克雷格需要找出究竟是什麼使他被觸發。他需要**停止**、**放下**，然後**停留**在當下的情緒，也就是在表面下翻滾的那些情緒。這個步驟對克雷格來說很困難，因為就像所有習慣逃避自己感受的人一樣。箝制住他感受的過往傾向實在是太強烈。但只要適時給一些鼓勵與支持，他就能靠近情緒體驗，隨著時間經過，發現到很多他從來不知道的感受其實就一直近在眼前，特別是他的脆弱、悲傷、愛，以及想要親密的渴望。這些都是他長久以來學習要否定的感受與需要，現在他必須重新找回這些感受，以便重新與真實的自我連結。

當克雷格努力要停留在他的感受中，當他深呼吸然後穿過那些感受，並在其中移動時，他恐懼於對別人展現情緒的過往根源，突然出現在眼前。許多他還是小男孩時就不斷出現壓力的童年回憶，像泡泡一樣浮到表面。

在小克雷格世界中的每個人（他的母親、父親，和姊姊）似乎都想從他身上得到什麼。每個人都有他們自己的打算，但似乎沒有人對他的感受或需要感興趣。似乎沒有人會支持他、陪伴他。克雷格渴望父母的愛、渴望被看見、聽見並重視，因此與父母陷入了不愉快的關係動態之中。當他與母親變得親密，他感覺到父親的挫折與難受，而當他尋求父親的關注與參與，她感到母親的悲傷與沮喪，以及姊姊的蔑視。克雷格感到被困住且無力展現他的感受，因為那會讓他體驗到某些譴責與不良後果。這些對一個小男孩來說太沉重。他該怎麼做？他要如何生存？不意外地，克雷格學會隱藏他的感受，並把他對愛與連結的需求擱置一旁。他關上心門，以避免當他需要別人撫慰時伴隨而來的痛苦。他發誓凡事只靠自己，再也不要依靠任何人。

多年之後，現在的他，莫名地仍會做出一樣的行為。

當克雷格試著努力釐清他內心混雜的感受時，他開始了解自己內在的情緒動態。藉著暫停並反思，他看見自己現在關係中的爭執與不信任，都是由以前害怕向人展露情緒的恐懼所造成的。他現在所追溯到的、以前與家人相處的早期經歷，此刻正影響著他與莉蒂亞的關係，所以親密感與連結對他來說充滿威脅。他內心住著的那個小男孩渴望著愛，卻又害怕隨之而來會發生的情況，也就是自己會需要某人，或是某些人會成為他心中重要的人。

現在克雷格能理解他的情緒動態，而且觀察並停留在他當下感受的能力也正在成長，但當他開始要與莉蒂亞分享他對自己的新發現時，仍然感到難以在與她的互動中超越步驟一。當他獨自一人，克雷格能夠緩和他的焦慮，並整理出內心糾結的感受。但是當他和莉蒂亞在一起，他的舊有程式就會認為這是該處理的問題。他對於自己被牽著鼻子走，無法控制自己，常常感到十分無助。畢竟，當事件結束，一切塵埃落定，克雷格內心總是充滿無限悔恨，並且愧咎於被自己的防衛心所掌控。他思索著是不是已經太遲了，再也無法讓事情有不同發展，並擁有理想的伴侶關係。然而，幸好克雷格沒有放棄，總是重新站起來，再挑戰一次。

最終，克雷格的努力、毅力和堅持都有了成果，事情總算開始有所轉變。

回到愛的家園

當克雷格躺在床上等待莉蒂亞，他想著回到家的感覺。他很開心能見到莉蒂亞，而她看起來似乎也是如此。在他出差遠行前，彼此之間的緊張氣氛似乎已經煙消雲散，而且雙方都試著要努力表現出最好的一面。克雷格帶了一些花給莉蒂亞，而她則準備了一頓特別的晚餐。能夠一起放鬆並重新靠近的感覺很好。

克雷格往浴室一看，能看見莉蒂亞在鏡中的倒影。他們眼神交會，她對他笑了一下。當他們看著對方，克雷格覺得內心很溫暖。他能看到她臉上的欲望。他看得出來她想要跟他在一起，想要有些親密時光。畢竟，他們已經有一段時間沒有這樣在一起了。克雷格也想要，不是嗎？

接著，幾乎微妙到無法察覺地，克雷格的胸口一緊。克雷格翻過身轉向另一面。他感到焦慮且不舒服。你怎麼知道她是真心的？他問自己？你怎麼知道她會不會只是為了要你娶她才對你好？我的意思是，你要怎麼確定？

克雷格開始躁動不安，起身坐在床緣，往前倒，手放在膝蓋上。接著感覺就出現了。他知道發生了什麼。**又來了**，克雷格告訴自己。**就是這樣。舊有的恐懼又出現了。**

我想要敞開心胸，然後我就感到害怕了。克雷格把手放在胸口，深呼吸並想趕走這些想法。但情況不斷重複，一次又一次。他把腳踩在地板上，想要感到踏實。當他的神經系統開始冷靜一些，克雷格試著要重新回到剛才不久前充滿愛的感受。那些現在他知道會讓他不舒服的感受，那些他希望可以分享的感受。

就在此時，克雷格聽見莉蒂亞走進房間。他感覺自己想要起身假裝忙碌的衝動，但他克制住自己。然後，他靜靜地看著地板。

莉蒂亞感覺到不對勁，坐在克雷格旁邊，把手放在他的手上。「親愛的，怎麼了？你還好嗎？」她試圖問著。

克雷格張開嘴巴欲言又止。他感到焦慮且對自己不確定。他思索著該怎麼做。他應該說些什麼？「**告訴她事實**」，他想著。

「嗯，這有點難以啟齒。我是說，我剛躺在這裡想著妳，想著能看到妳有多好，能夠在一起感覺有多好。但我突然開始擔憂。就好像會發生什麼壞事。好像要讓我敞開心胸是非常危險的事一樣。我變得焦慮，想要封閉自己。但是我其實不想。我不想要封閉自我。我的意思是，我這麼愛妳，我想要和妳在一起。但我想，我有點害怕。」他說。

克雷格說這些時，一直盯著地板。他覺得太脆弱而不敢直視莉蒂亞。但是他拿出了勇氣往莉蒂亞的方向偷看一眼，在看到她眼神中的溫柔後，他感到放心。他們安靜地坐了一會，看著彼此，然後莉蒂亞回應道：

「我很開心你告訴我這些，而沒有只放在心裡。能夠知道你怎麼了，能夠了解你內心發生什麼，感覺好很多。我知道為什麼很可怕。你被傷害過。但沒關係。你沒事了。我們都會沒事的。」

克雷格伸出雙手抱緊莉蒂亞。當下，他感覺很好。

這對克雷格來說是個大突破。他所做的那些讓情緒覺察技巧進步的努力都有了回報。他即時使用了四個步驟來破除他舊程式的制約，在恐懼中前進，並試著採取不同的行動。他發現自己被觸發了，於是他冷靜下來，觀察他的感受，並且有意識地與莉蒂亞分享。他打開了心，分享他的內心，釋放出他的愛。

這對一個四十年來把心封閉的人來說是一大步。這對屬於逃避型依附類型的人來說，是長足的一大步——敞開我們的感受，展現出脆弱的一面，並與他人分享我們的感受。但是這也是想要改進我們的關係時所需要做到的。

當然，克雷格還沒有完全自由。他還會需要面對其他困難與挑戰。雖然莉蒂亞正面回應了他的心聲，但可能不是每次都會是這樣。有的時候她可能會變得有些防衛，克雷格也是。他們的舊程式會再度掌控他們，這是可預期的。要培養出新的回應模式需要花些時間。克雷格需要在每次機會出現的時候持續努力練習這四個步驟。

談到這裡，克雷格應該要注意，在他允許自己展現脆弱，並對莉蒂亞敞開心胸之後是否有出現任何殘存的恐懼。這也是預期中的。我們在伴侶面前敞開自我，追求更多親密感時，特別是如果我們傾向更加逃避，事後經常會感到焦慮。我們向外拓展了一些，然後又退縮了一點。但這不是危險的跡象，這只是我們內隱記憶迴盪在神經系統的迴音。所以如果我們能預期這樣的事情發生且沒這麼簡單結束時，我們可以「叫出它的名字來馴服它」。我們可以說：「啊！是我的舊恐懼。我做了什麼超越舒適圈的事情，所以它發作了。」這是我們正在突破界限的跡象，也就是我們正走在對的路上。

如同克雷格的案例，發展情緒覺察技巧需要一點時間。但是只要努力用心專注在體驗上，我們就是在加強自己的能力。隨著時間一點一滴過去，最終就會進步。在某個天時地利人和的情況下，我們的所有努力就會得到回報。我們將看到當下的轉變。我們能夠採取不同以往的做法，進入更好的境界。

最後，讓我們來看阿琳，她是我一位四十出頭的個案，屬於紊亂型依附類型。讓我們來看看她如何運用那四個步驟。

在風暴中找到「我」

阿琳一整個早上的心情都有點低迷。她腦海裡一直出現丈夫米奇生氣的臉以及高分貝的怒吼。前一晚，阿琳試著要和他討論在附近醫院上新生兒生產課程的時間。他們的寶寶在幾個月後即將誕生，他們快沒什麼時間了。由於阿琳最近非常操勞，她覺得利用週間幾個晚上上完課對她來說比較容易。但是米奇一點也不喜歡這個提案，還因此生氣，爭吵著他下班後需要放鬆的時間。阿琳被他極端的反應給動搖了，所以最終還是同意參加週末的整天課程，但這對她而言其實非常痛苦難受，幾乎難以做到。

阿琳難過地在家裡踱步。她想要斥責米奇表現得像個「自私的小孩」並感到無助、焦躁。其實這體驗對阿琳來說並非不熟悉，她覺得自己粗暴對待情緒已經有一陣子了。她在心理治療期間很努力，加上已經康復多年，還有每天進行靜坐冥想練習，這都讓她更能掌握自己的情緒，不像過去的自己，對情緒感到手足無措、想逃離。

但最近，持續好幾個月不曾好轉的晨吐一直困擾著她，使得她情緒一直很低落、緊張。「**也許這就是為何我不開心的原因。**」阿琳想著。「**還是有其他原因？**」她想了一下，然後發現了她需要做的事。她需要徹底了解在內心翻攪的是什麼。她需要運用她在心理治療所學到的那四個步驟找到原因。

阿琳坐在沙發上，試著讓自己舒服一點。她把雙腳放在地上，雙手放在大腿上，留意手掌摸著褲子布料的感覺。這麼做讓她感到更踏實。接著阿琳閉上雙眼，專注於內在，並想像昨晚的場景。當她在腦中重播那個體驗，她注意到她的喉嚨開始緊縮，胸口也變得緊繃——很明顯地，她的神經系統被啟動了。

阿琳深吸了一口氣，把氣吸到內心緊張的部位，試著敞開心胸並留意當下發生的情況。當她察覺到她的感受體驗更加深刻，她指出了那個情緒的名稱——**恐懼**。她告訴自己，**我正在感到害怕**。這似乎有幫助。「**但是什麼這麼可怕？**」阿琳思索著。她開始想著什麼可能會讓她感到害怕，但又停止下來，不想迷失在她的思考中。她從過去經驗中知道這不是找到解答的方式。反之，她專注在她的感受上，並試著要對她發現的所有事物保持開放。

突然間，阿琳看見小時候的自己，無助地望著一片再熟悉不過的場景：她的父母親在爭吵，他們的聲音越來越大，緊張不斷升高，然後她父親突然理智斷線，對母親暴力相向。她驚恐地看著他拿起花瓶摔到地上。童年的她震驚地站著，無助且孤單。

阿琳開始哭泣，一陣陣悲傷與痛苦朝她湧來。她覺得快要被她的感受淹沒，但仍然告訴自己「持續呼吸」，她從經驗中知道，她只要停留在情緒中，並看著它們過去就好，風暴最終總會消退，不論陣陣襲來的情緒有多強大。阿琳是對的。這情況會結束沒錯。一旦水面恢復平靜，阿琳就能同理童年的自己。她內心那個嚇壞的孩子被困在恐怖記憶中，必須知道這一切已經結束。阿琳運用到她在心理治療中的練習，試著想像走近年幼的自己，抱起這個孩子，撫摸她的背安慰她——向她保證已經沒事了，她現在安全了，而且她不是孤單一人。

當阿琳內心的孩子放鬆，她自己也放鬆了。她深呼吸，感受到解放的感覺。但是，當她這麼做，阿琳注意到還有別的事情在騷動。另外一個感受浮現了出來。她的下巴緊繃，體內開始升起力量。阿琳發現她正感到憤怒，這感受是她學會要壓抑並放在內心，而且是危險到無法表達的。但是她知道這是她必須要重視並學習共處的感受。為了在需要的時候站穩腳步，她需要找回這種感受。而現在就是那些需要的時候之一。

「他們怎麼敢在他們的孩子面前這樣？」阿琳在內心想著，當她靠近她的父母且保持更多空間，她不禁想著：**「他們到底在想什麼？這根本就做錯了！」**

當阿琳讓自己感受到她的憤怒在體內遊走，最終消失，內心有某些事情轉變了。她注意到自己不再感到渺小得像個孩子。相反地，她感覺到自己更勇敢、更完整，也更像個成年人。過去正在遠離，而阿琳更能全心專注在當下。

「難怪我會這麼難過，我被觸發了。」阿琳在內心想著。當她反思自己內心的狀態，她看見以前的創傷強烈影響著她近期與米奇的相處。他憤怒的行為啟動了在她的神經系統中迴盪的舊回憶。因此她別無選擇，只能感到十分害怕、無助。就像她童年的自己所感覺的那樣。

米奇的憤怒嚇到了阿琳，甚至她也嚇到了自己。她的早期依附體驗中，憤怒等同於暴力與毀滅，因此她極盡所能地避免。阿琳莫名地抗拒感受或表達出她的憤怒，因為她害怕這會毀掉她與先生的關係。所以她持續困在孩童時期的恐懼中，無法利用任何健康正面的憤怒給她與她的成人生活帶來清明與正確的方向。她因此無法感受到自己的需求很重要，她提醒自己要畫出健康的界線。

如果阿琳可以自由地感受並善用她的憤怒，她可能可以在當下告訴米奇，她不能接受他的行為。或者至少，她可以暫停他們的對話，並建議米奇可以在他冷靜下來時再談。但是透過她年幼自我的雙眼，阿琳別無選擇，只能感到害怕、無助。

當阿琳開始拼湊出事實的全貌後，她想到該怎麼做了。她不再被觸發，更與她成年自我的感受相連結，並且能客觀地看待米奇。雖然他的反應太過激烈，但她知道他並不危險。阿琳想著：「**也許他也感到壓力或是心力交瘁？也許他也被觸發了？也許他現在冷靜下來，所以沒那麼抗拒了。**」阿琳更確實地用成年自己的眼光來看事情，她發現她其實並非沒有其他選項。她能找到告訴米奇自己感受的方法。她可以試著發起討論，也許可以讓他們之間的情況好轉。

當然，敞開心胸直接說出感受，讓阿琳想到就覺得緊張。她的舊程式仍舊需要更新。為此，她需要面對她的恐懼，並誠實面對米奇。她需要讓他知道自己的感受，以及她對他的需求。至少，她需要試著表達出她的感受，才能看到更多可能性。

那天晚上，米奇下班回家後，阿琳鼓起勇氣問他，他們能不能聊聊前一天晚上發生的事。她內心感到不安，試圖要集中精神，所以說得很慢。米奇一開始看起來好像又要發怒了，但是當阿琳告訴他，他的反應觸發到她以及背後原因後，他開始軟化，最後甚至道歉了。米奇承認，在工作一整天後，他的確是感覺壓力很大，所以有點失控。但是不論他發生了什麼，他都不打算用任何藉口搪塞。米奇覺得自己的所作所為很糟，他告訴阿琳，他絕對不會再做出讓她感到害怕的舉動。

至此，阿琳感到安全，覺得對話可以繼續，所以她更往前推進一步，對米奇解釋她同意去整天的新生兒課程，完全只是因為她感到害怕。對她來說，她應該重視自己的需求、認可自己的需求，但這非常困難，而她不想再繼續下去了。阿琳解釋，她覺得整天的課程對她來說太不舒服，也太勞累了，學習效果可能不好。她希望這體驗對他們倆來說都是正面的，所以她需要米奇理解。總之他們需要想出別的方案。

阿琳可以看見米奇有些失望，但是沒有任何抗拒地默許了。他們結束了前一天的衝突與不和諧。他沒有拒絕她，反而尊重她的需要。她對他訴說的方式，或是他回應的方式，抑或是他們相處的方式，都帶來了新的體驗。

對阿琳來說，在米奇面前表現出另一面是全新的體驗。她一直以來都害怕會被別人傷害或拒絕，所以她無法碰觸並說出她的憤怒，以及直接解決衝突。對她來說，那實在是太具威脅性了。對米奇展現出她情緒脆弱的一面，讓彼此更親密，或是願意依靠他，讓他支持她，對她來說也同樣充滿威脅。但藉著使用那四個步驟，她能調節並度過這些混雜的感受，說出她的真心話。她能拿出勇氣向前並健康地表達自己。

對屬於紊亂型依附類型的阿琳來說，她一方面渴望與人親密互動，一方面也相當害怕。她長期以來都處於「過來—走開」的人際關係模式中，也就是她會尋求愛與連結，但是當任何人要靠近她，她會推開他們，並因恐懼而退縮。毫無意外地，她的關係都被歸類成充滿不穩定的情緒與混亂，就像她孩童時與家人的相處模式一樣。雖然她與米奇的關係相對來說較為穩定，但是，阿琳的早期迴路仍持續運作，她雖然常常感到寂寞並渴望與米奇建立更深的連結，卻仍舊害怕展露情緒。對於阿琳來說，若要擁有穩定與滿足的關係，她需要重視自己想要與人連結的需求。她應該要重新取回她天生的依附需求，並敞開自我，接受愛情。

當然，阿琳這麼做的機會就近在眼前。

與柔軟的一面為友

阿琳感到鬆了一口氣，因為她和米奇總算有時間著手準備嬰兒房。她準備了一堆嬰兒衣物，正在想該如何收納，此時米奇則在拆裝他的電腦，準備要移動到別處。當米奇坐在地上捲著不同零件的線材，他突然分享了他腦中的念頭。

「寶寶生下來後，顯然不會有太多時間可以打電動，這是一定的。我們倆大概都不會有放鬆的時間了，我們的兩人世界就要被顛覆了。感覺有點嚇人。」他說道，聽起來相當眷戀現在的生活。

這是不一樣的米奇。他通常不太會敞開心胸討論自己的感受。這麼做，讓米奇也開始與阿琳有更多連結。他正在向外招手，分享他的恐懼，並且試著一起探索這個改變一生的事件。如果阿琳沒有背對著米奇，她會更清楚看見米奇的狀態。但是她沒有加入這個對話，而是突然情緒失控。阿琳轉過頭來面對米奇並瞬間脫口而出：「你得自己解決這個問題！我無法同時照顧一個嬰兒和你！」

米奇一臉驚嚇。「哇！這句話真尖銳！」他說，並快速收拾好剩下的東西。當他站起來要離開，他看著阿琳然後說：「我真是搞不懂妳！」然後氣沖沖地走出去了。

阿琳原本要追出去，但是又制止了自己。她感到太激動而不想再繼續下去。而且，她知道這會導致什麼結果。「**好啊，讓他自己煩惱去吧，我才不管呢！**」她內心這麼想著，試著裝作不在乎。

阿琳回頭繼續整理嬰兒用品。當她專注於手邊工作時，她開始冷靜下來，並注意到心中有些不一樣的感覺。她一直放不下米奇轉身離去時受傷的表情。「**我想我的確**

有點太兇了。」她內心想著，覺得很糟。然後她思索著：**「為什麼我反應這麼激烈？」**

阿琳坐下來，專注在內心，試著要感覺內在情緒的變化。她試著想像米奇可能會對她說的話，但這次不是心煩，她注意到自己感覺到焦慮。她的身體開始緊繃，就在米奇在她面前表現出脆弱時。他正向外伸手並希望能夠與人連結，而這讓她不舒服。就像她自己的脆弱也讓她不舒服一樣。她無法忍受自己這樣，她發現她也無法忍受他這樣。至少這是她神經系統的回應。

阿琳感到一陣罪惡感，並開始哭泣。她明白自己怎麼了——舊的恐懼被啟動了。她童年時那個害怕變得脆弱與需要別人的自己——害怕讓人靠近，害怕某人對她變得重要——又出現在她現在的生命中。但是現在，她感到傷痛，而非像過去一樣想要反擊或是逃跑。

「這不是我想成為的人，我不想推開米奇。我想要支持、陪伴他。我想要讓他支持我。我希望那樣做。」阿琳如此告訴自己。

當阿琳開始感覺比較清晰，也更專注於自己時，她走到花園，發現米奇正在架設他的電腦。她想要和他說話，她想要修補兩人之間的關係，然後再試一次。

「米奇。」她說。

「怎麼了？」米奇回應，聲音中帶著不滿。

阿琳感覺得到他還在不開心。同樣地，她感覺到自己稍微緊繃起來，但她深吸了一口氣並告訴自己緩一下。她想要用關懷的口氣來和米奇談。她想要米奇能夠傾聽她。她想要解決這一切。

「我很抱歉我突然生氣了。你正在說你的感受，結果我制止了你。」她試著開口。

「嗯。的確感覺很糟。」米奇回應。

「我很抱歉做出這樣的事。」阿琳說著。

「我真的不知道要怎麼和妳相處。」米奇搖搖頭地補充道。

「你沒事。你正在試著與我拉近距離，而那時我卻感到焦慮。我不知道。就好像我無法忍受自己感覺脆弱。好像這感覺起來是種威脅，然後我就封閉起自己。」

「為什麼？」米奇問，聲音中的不悅開始消退。

「這有點像是反射反應。在我的原生家庭中，展現脆弱是不安全的，我父母親只顧著自己。而剛才的情況就好像是年幼的我害怕會發生什麼壞事，所以我就爆發了。但我真的需要你。我愛你。我想要和你在一起。我希望能和你更親近。雖然我會感覺到害怕，但我想要嘗試。」

阿琳看著米奇的雙眼。她看見他已經軟化。她看見自己已經挺過去了。她可以感覺到自己對於米奇的愛。她可以感覺到米奇對她的關懷。這對她來說並不可怕，而是感覺很好。

屬於紊亂型依附類型的人，內在強烈的感受可能會把他們拉到相反的方向以關閉感受，導致他們失去了自我中心，感覺不到自我。特別是他們認為，對於親密的依附需求可能是危險、會把自己吞沒的。他們總是害怕受傷或被拒絕，加上又沒有用有建設性的方法處理自己的感受，因此飄來盪去地無法舒服享受一段親密關係，也沒有自信能斷然處理那些衝突與彼此的相異處。

但是安全的依附關係需要我們能夠做到兩者。我們必須要冷卻內心所感到的焦慮，並管理好我們的情緒，讓我們能夠傾聽、重視，且接納彼此的體驗。最終，我們需要能夠接納別人，同時也需要能夠明確、健康地宣告我們的界線。阿琳使用了那四個步驟來達到這個目標。

在這兩個事件中，阿琳發現，在她表面上的反射行動之下，情緒上有些變化正在發生，且需要被提出。藉由專注內心與關注她的情緒體驗，她得以區分她年幼的自我與成人的自我，並讓自己能夠更踏實地處於當下。她得以聽見自己內心的真實並讓它來引導自己，接著藉由冒險畫出她與米奇的界線，同時在他面前顯露出脆弱、與他建立更深的連結，她才發現她原本以為的危險已不復存在。阿琳用了那四個步驟來引導她自己，學著讓自己保有更多樣的情緒，與在關係中更多元的相處方式。

有了這個概念之後，接著來看看，焦慮矛盾型依附類型的人如何運用四個步驟。

找到處理的勇氣

當特洛伊開始練習四個步驟，他發現傾聽並信任自己的核心感受很困難。從他有記憶以來，焦慮的警報總無所不在，常誤導他的判斷。身為二十多歲的研究生，他難以在關係中對當下的情緒有所覺察，常常質疑自己，並擔憂會有壞事發生。

特洛伊出生後被領養，由一對情緒充滿焦慮與衝突的父母所撫養。在這個家庭中，他長期處於不確定養父母是否能在他需要時支持他，更害怕他會做錯或說錯什麼讓他們失望或難過，甚至擔心自己可能會被拒絕。孩提時的特洛伊反覆做著一個惡夢，他在夢中極力想要追上養父母的腳步，跟隨他們走過奇怪建築物中的扭曲走廊。夢中的養父母總在某些時刻會轉彎，當特洛伊跟隨著轉彎後，卻發現他們消失得不見蹤影。當然，小特洛伊覺得一定是自己做了什麼，才讓他們消失的。

這長期的不安感跟隨著特洛伊，在他成年的關係中，他發現他的伴侶經常是情緒不定，也無法表現得讓他滿意。此外，特洛伊對於任何可能中斷連結或是造成不和諧的跡象極度敏感，也常擔心著他可能因為犯錯就毀掉了一切。如果特洛伊想要擁有健康的關係，他必須解除自己的早期設定，讓他在面對伴侶時，能夠相信對方，並善用自己的情緒。特別是，他需要更加留意到自己想要連結與肯定，並試著用健康正面的方式來表達。

特洛伊在他情緒旅程中的適當時機點碰到了安德烈。透過他在心理諮商時的練習，特洛伊開始走出焦慮的迷霧，也準備好要與他的核心感受連結。當然，特洛伊現在面對的挑戰就是要能夠做到這些，尤其是處在關係中時。

安德烈稍長特洛伊幾歲，他的情緒似乎比特洛伊之前的伴侶更成熟。一開始雙方就覺得很契合，感覺像是飄在新生的愛情雲朵之上。在他們交往的初期，可說是充滿溫暖與關愛，對雙方來說感覺很美妙，也很新穎。但漸漸地，特洛伊的焦慮開始逐漸出現。他發現自己越來越緊張，且擔心災難就在前方。他的舊程式正在讓人注意到它的存在。

傾聽並尊重內心的感受

當特洛伊與安德烈走上樓梯進入餐廳，他開始感到焦慮。他們正要去參加一個派對，要幫安德烈的一位老朋友慶生，會有超過一百位賓客參加。他將會首度碰到安德烈的朋友們，因而想留下一個好印象給他們。他們與其他賓客聊天，大家顯得很溫暖友善，於是他起初的緊張感慢慢消散。在他們走到座位用晚餐時，特洛伊感到非常放鬆。

特洛伊和安德烈找了個地方並肩坐下，趁著其他人要開始站起來為安德烈的老朋友說些生日祝賀語之前，他們兩人有時間聊了一下。然後，在某個幽默得讓每個人都笑了致詞結束後，特洛伊對安德烈說，很開心看到壽星一臉微笑玩得很開心的模樣，因為他平常看起來似乎很憂鬱。

特洛伊以為安德烈會很贊同他的看法，沒想到，這個評論居然瞬間讓安德烈感到不悅。

安德烈一臉嚴肅地靠近他並低聲說：「是啊，是這樣沒錯。但是在他的生日派對上這樣說他，好像不太禮貌。你不覺得嗎？」

特洛伊想了一下接著說：「喔，你是對的。我很抱歉，我不夠細心。」

「沒關係。」安德烈回覆。他對特洛伊微笑，並重新專注在聚會上，看起來好像已經放下了這件事。

但他放下了嗎？特洛伊不是很確定。他持續看著安德烈，想確定他是否真的沒事，但無從判斷。特洛伊開始感到焦慮，並擔心安德烈可能會對他發脾氣，擔心有壞事要發生了。整個晚餐過程中，特洛伊都試著要吸引安德烈的注意，希望能得到他一個肯定的眼神或是評論，以緩和他的擔憂，但是安德烈全神貫注在桌間的交談，完全沒注意到他。

特洛伊告訴自己，他太傻了，並試著把整件事拋諸腦後。但是他無法。當他看著安德烈與其他人互動愉快，他反而更緊張了。接著，特洛伊開始感到憤怒。他不需要來參加這個晚宴，他是為了安德烈而來的。**「他真是個混帳！那只是個無害的評論。我沒有任何惡意。更何況，那傢伙真的有憂鬱症！」**特洛伊在內心想著。接著他突然有個很宿命論的想法：**「這段關係永遠都不會成功。我們太不一樣了。我需要避開傷害並往前邁進。在事情變得嚴重之前，我得趕快離開。」**

特洛伊從餐桌上告退並走出去「呼吸新鮮空氣」。他希望安德烈會注意到他不開心，並且出來找他。但是當他繞著那個街區走，他知道他怎麼了。他進入腦中的極端之處——他的焦慮已經完全掌控了局面，他開始變得充滿防備。特洛伊開始深呼吸，噘起嘴唇，再慢慢地把氣吐掉。他發現他需要讓自己冷靜下來，以免做出魯莽的舉動。

特洛伊花了一些時間，但是當他的神經系統開始冷靜下來，他更清楚地看到了事情的真相。他的舊模式中的恐懼被啟動了。特洛伊發現他對安德烈的感受就像他小時候那樣，擔心自己會做錯什麼而把情緒不穩的母親逼到臨界線，讓她暴怒然後離開。他回憶起當他半夜因為害怕而進入父母親的臥室，他的母親曾失控地對他尖叫。而現在他不只是擔心自己可能做錯什麼而導致他與安德烈的關係破裂，還害怕向安德烈尋求安慰，害怕安德烈會覺得他太黏，需求太多而厭惡他。

特洛伊在一個長椅上坐下來，把手放在胸口。他感覺自己能同理內心那個驚恐的孩子，想像著自己正在安慰鼓勵他。當他體內的緊張逐漸消退，內心也感到更踏實，特洛伊就看得更清楚了。他看到自己是如何被捲入焦慮的漩渦中，當他到達一個無助的地方，想法也變得極端。就好像他小時候曾經歷過的一樣。

「安德烈不是我的母親，他不是混帳。他只是有些反應。我可以犯錯。這不會讓我變成一個壞人，也不會讓我們的關係結束。」他告訴自己。特洛伊聽到成年自我的肯定聲音，這對當下的他相當有幫助，但是他仍然感到不安。他知道這樣還不足以讓他的恐懼消失。他仍然擔憂著如果與安德烈分享自己的恐懼，安德烈會有什麼反應？他需要找到方法對安德烈打開心房，並看看會有什麼可能性。

後來在回家路上，特洛伊鼓起勇氣問安德烈，是否能談談晚餐時發生的事。他說：「你知道的，當我為自己的評論向你道歉時，你似乎還是對我感到不滿。」

一開始，安德烈否認，並說他已經放下這件事了。直到後來他們繼續討論，安德烈才坦承他可能還是在意。他們坐在許多安德烈不熟的朋友之間，他害怕別人會聽到他們之間的談話。

「但是，我現在已經沒事了，沒有任何不好的感受。」他微笑著對特洛伊說。

特洛伊鬆了一口氣，談過之後感覺好多了。至少此刻，他總算可以放下了。

接著夜深時，當他們準備好要上床睡覺，特洛伊發現自己感覺不適。他還是覺得他們倆之間哪裡不對。雖然安德烈告訴特洛伊，他們沒事了，但他的肢體語言似乎並不同調。從派對回家的路途很長，安德烈表現得不像平常那樣充滿愛意。至少，以前某些時刻他們會牽手。

特洛伊試著安慰自己今晚兩人都累了，他不需要擔心，但他的神經系統沒被說服。他知道他應該要與安德烈再更深入地聊聊，但他擔心這會把安德烈推向他的臨界點。

「他會覺得我瘋了」，特洛伊想著，但是他知道必須解決這一切。

特洛伊緩緩地走進臥室，坐在床上，面對安德烈。「你知道，我擔心我看起來很像在發神經，我也知道你說我們之間沒事，但是我感覺你還是有些距離感。我是說，我們通常在坐車時會牽手，而且在到家之後你完全沒碰我。」他帶著焦慮說。

安德烈看起來很惱怒地說：「是啊，你也沒有表現得很熱情啊。」

「這倒是，嗯……我想我覺得有一點憂慮。我是說，我知道你有時候需要一些空間，我不想要逼你。」特洛伊承認。

安德烈垂下眼並安靜一段時間，接著他抬起頭看向特洛伊並說：「我想我是有一點拘謹，我知道。我有時候會這樣，但是我並沒有意識到這件事，對不起。」

特洛伊能看見安德烈眼中的脆弱。他向安德烈伸出手。「你可以抱我嗎？」特洛伊問。

安德烈向前靠近並用雙手環抱特洛伊。他們能觸碰到彼此的溫暖，感覺好多了。他們找到方法和好了。

從外界的角度來看，特洛伊會對安德烈不認同的回應產生這麼激烈的反應，似乎頗為荒謬。但這就是那些焦慮型依附類型的人會有的反應。任何一點來自伴侶的否定，不論多小，都可能會造成警戒狀態。我們的杏仁核認定這是一個威脅，並準備戰鬥。我們迷失在擔憂與恐懼的漩渦中，完全無法理智思考。我們只能找到方法降低反射模式，才能更清楚地看見我們到底怎麼了。

通常，讓自己冷靜下來就贏了一半。但是這並不夠。我們必須能夠傾聽並擁抱我們的核心感受、需求和欲望，同時拿出勇氣直接與我們的伴侶溝通。這是唯一能夠阻止我們基於恐懼的預期來反應，也就是擔心我們的伴侶會做出很糟糕的回應，以及如果我們敞開心胸來表達真實感受，關係就會崩毀。

這就是特洛伊所使用的四個步驟。藉著發現到他正處於防衛狀態，並關照自我內心的紛擾，特洛伊能看到自己被觸發了。他的內在感覺到脆弱，且需要安德烈的安慰，儘管特洛伊害怕向安德烈坦白自己，但他終究拿出勇氣向前直接表達出他的感受，以及停留在當下，完整度過整個過程。特洛伊做到了關照情緒時該做的事，且開始消除他的舊恐懼，在與安德烈的關係中感受到更多安全感。

安德烈也盡責地做出努力。他反思自己能夠承擔的部分，並承認自己的狀態，也表現出全心全意的樣子。他們雙方都參與了強化關係連結的過程，這是一件好事。尤其是他們接下來將要面臨更艱難的關係考驗，也就是特洛伊決定要接受為期一年的博士後研究計畫，離開他們現在所居住的城市。

根據特洛伊的早期依附經驗，這對他來說是相當困難的決定。當特洛伊在考慮幾種可能性時，他必須努力將他陳舊古老的恐懼——也就是他做的行為可能會讓別人失望或不開心——與真正的感受分離，以聽見他真正的心聲。當這個計畫出現，他知道那是他想去的地方，但是他擔心安德烈的反應，以及接下來可能會發生的事。

可預料地，安德烈在聽到特洛伊告訴他這個決定時相當難過。他們才剛開始交往不久，就得要開始擔心他們是否能接受遠距戀愛，以及這會對他們倆造成的長期影響。但是他們雙方都非常認定對方，且希望繼續交往下去。

接下來的日子裡，特洛伊無法不注意到當朋友來恭喜他時，安德烈的憂鬱模樣。這讓他很煩惱。他很希望安德烈能全心為他開心。畢竟，在特洛伊出發前，他們還有六個月的時間相處。但是當他對朋友說出感受，他的挫折減輕了。

「安德烈當然會難過，他不想要你離開。他愛你！」他的朋友告訴他。特洛伊為此感到抱歉。他自己的不舒服模糊了安德烈悲傷的原因。「為什麼我沒有看出來？」特洛伊想著。

當晚，當特洛伊與安德烈一起躺在沙發上，安德烈對他說：「你知道，你離開的時候我會很難過。」

特洛伊感到不悅，但仍勉強擠出微笑地說：「我現在還在這裡呢！」

安德烈安靜了一下，接著敷衍地說：「是啊，我知道。」

但是特洛伊能在安德烈的眼中看到悲傷。他感到非常不舒服並轉過頭去。特洛伊察覺到有些緊張，因此開始往內心關注。他很快發現到：「**我感到罪惡，就好像我做錯了什麼。我怕安德烈對我失望，然後我就糟了，就好像一切都要崩毀了，而且會結束這段關係。**」

特洛伊往回看著安德烈。他感覺到他的感受。「對不起，我不夠細心。我看得出來你很難過，而我有些不舒服。我感覺到有罪惡感，好像我做錯了什麼。有一部分的我很害怕你會生我的氣，然後你就會放棄我而離開了。」特洛伊說。

安德烈理解地點頭並說：「我不是對你生氣。你沒有做錯什麼，我也沒有打算要放棄。我只是感覺到難過。分離很難受。我愛你。」

「我也愛你，這的確會很難受。」特洛伊眼中充滿淚水地說著。他把安德烈拉近自己並緊緊抱著他然後信誓旦旦地說：「我想要繼續這段關係。我知道我們能夠找出方法。」

特洛伊使用了那四個步驟，他發現自己被觸發，並關注在情緒體驗上的能力變強了。在這裡，他能即時接住自己，覺察自己的內在變化，並展露出情緒地靠近安德烈。在過去，當他的威脅警報作響，特洛伊可能會快速升起他的防衛系統，並陷入無謂的爭吵。然而這次，他把局勢扭轉成新的狀態，讓自己敞開心扉地接受安德烈的愛。

如同特洛伊所學到的，當我們覺察自己的情緒體驗，就能發現自己的防衛系統不只阻止我們展露內心狀態，也阻撓我們接納眼前美好事物。我們可能渴望愛情，但當它真的來臨，我們會如何？我們會展開雙手迎接嗎？還是任由內在恐懼阻撓我們？對原本的特洛伊來說是後者。

透過特洛伊內在運作模式的濾鏡來觀察，可以得知，他莫名地將自己視為造成安德烈煩惱的源頭，因而感到有罪惡感以及危險。因此，他用防衛的方式回應，以閃躲安德烈的感受，並讓自己看不見這些感受。想像一下，如果他就讓整個過程停在了這裡，他會錯過什麼？他會錯過接受安德烈的愛，那原本能幫助他在關係中建立更好的連結。

當我們努力關注那些在不知不覺中控制我們行為舉止的力量，我們就是在讓自己自由，讓自己得以去體驗新的體驗。新的體驗可能強大到足以療癒我們內心的傷口，也可能讓我們的心胸更寬廣，讓我們與愛人建立更深的連結。

往前的道路

克雷格、阿琳和特洛伊都認真參與了改變的過程。他們都解開了早期程式設定對現在自己的糾纏，重新取回他們的情緒體驗中，隱藏在恐懼之後、一直沒觸及的面向。每個人都在重新輸入他們身為人類的完整能力，以成為一個能有豐富情緒，並能夠與之共處的人。他們在成為一個當與伴侶相處時，能夠感受也能夠處理感受的人。透過全心全意地在親密關係中展露自己，他們能使自己更加成長茁壯。

這就是當我們努力做到那四個步驟後會得到的結果。我們能夠克服恐懼，讓自己從過去的限制中重獲自由。我們能夠將早期的依附類型往後天習得的安全型依附類型演進，並讓我們與伴侶相處得更融洽。

但是如同你所見，增強我們情緒覺察能力需要努力與時間，絕對無法一蹴可及。就好像芭蕾舞者要花好幾個小時在把桿上，不斷練習並加強動作，直到某一天終於能夠在舞台上做出一連串優雅、輕盈的跳躍動作。想要改變腦部運作模式也是如此，隨著時間經過，能讓我們在關係中做出更有覺察的回應，並將最好的自己帶進這支愛之舞中。

我們每個人都在情緒旅程的不同階段，每個人都有各自的優勢，以及需要加強的部分。有些人在四個步驟中的某些步驟上需要花費更多的時間；有時候我們需要回到前一個步驟重新來過，特別是當我們的情緒體驗沒有轉變時，那就表示在我們往前邁進之前，內在還有更多需要知道、理解，以及解決的事情。但是最重要的是，我們會一直回到我們的情緒體驗，注意當下的狀態，更用心理解我們的內心，並盡全力保持專注與參與。

當然，冒險在伴侶面前展露情緒，只能讓我們往前進一小步。我們需要停留在那個狀態下，並找到方式度過。但是藉由展露內心狀態，我們就改變了自己的關係動態。我們創造出不同發展的可能性。有時候，這是一條漫長道路的開始；有時候事情不如我們所預期；有時候我們的伴侶無法加入這個旅程；但是有時候就只需要把事情轉到一個比較正面的方向就好。

藉著重複傾聽與關注內在的情緒體驗，我們就進入了以一磚一瓦重建我們基礎機制的流程。每次發現自己被觸發，每次我們停止、放下然後停留在我們的情緒體驗，並且找到方式度過時、每次我們反思我們的體驗並弄清楚他們時、每次我們努力更有覺察地與伴侶相處時，就是在訓練大腦進行不同以往的運作。我們正在加強、支持健康的新神經傳導路徑。我們正在增強覺察情緒的能力。

而這就是前進的道路。

章節筆記

- 努力的重點是要將我們從無謂的恐懼中解放，重新取回天生的情緒能力，讓我們能夠有更好的關係。
- 雖然四個步驟的順序是設計來幫助我們度過生命中被觸發的時刻，然而，若有需要，也可以分開來各別運用它們。
- 敞開自我以迎接更加親密的關係後，仍會體驗到某種焦慮的情況。預期會發生這樣的情況，能協助我們真的面臨這種情況時，還能找到自己的方向。
- 為了建立更穩固的關係，我們必須能夠讓對方親近我們，但也要視情況用健康的方式宣告我們的界線。
- 充滿防衛的行為不只阻止我們健康地表達出自己的感受、需求和欲望，更遏阻了我們接納眼前美好事物的能力。

- 當我們努力關注那些潛藏在表面之下、無意識控制著我們行為的力量，我們就能讓自己自由，並迎接新的體驗。
- 經由反覆傾聽與關注我們的情緒體驗，我們就開啟了改變大腦運作模式的流程。

終章

成真

「一旦你變成真的，你就無法變回假的。這會永久持續下去。」

——瑪格利・威廉斯・比安可《天鵝絨兔子》（Margery Williams Bianco, *The Velveteen Rabbit*）

當特洛伊看著安德烈駕車離去，他拂去臉頰的淚水。他們一起度過了美好的週末，而且就如同他所預期的，他們很難把再見說出口。「**事情總是這樣的。**」特洛伊在心裡想著。然而現在，特洛伊的研究計畫已經過了一半，雖然他們不住在一起，但似乎應對得還不錯。不只是不錯，他們之間的進展越來越好。除了遠距，以及往來的旅行以外，特洛伊在與安德烈的關係中感到更有安全感，較之過去他的那些伴侶們都更強烈。

特洛伊知道原因，這不是什麼祕密，全是因為他努力覺察情緒的成果。他一直以來不斷努力。藉由拿出勇氣，讓他真實的自我能在安德烈面前現身，不停地冒險以分享他的感受，全心全意地與安德烈交往，一切都改變了。特洛伊感覺他好像穿過了恐懼的牆，更踏實地、以完整的狀態出現在世界上。他用以往一直躲避的方式呈現自己，甚至能夠完全做自己，以真實的面貌出現。

這並不總是那麼容易，事實上，有時候非常具有挑戰性。有時候特洛伊的情緒感覺很強烈，很難停留；有時候他的焦慮會占據他。但是每一次特洛伊向前靠近，每次他逼自己保持對安德烈開放，他都會對自己感到更有自信，更有能力處理他們之間的問題。他感到與安德烈非常親近，也更確定他們對彼此的愛。他們的連結變得穩固，關係變得真實。

特洛伊想起他過去的關係，與現在的關係感覺非常不一樣。以前他像是戴著事情會變得恐怖與不祥預感的濾鏡在看事情。任何與伴侶之間的小小不順遂，他都會有極端的感受並讓他內心警鈴大作。但是他越是能夠面對他的恐懼，並努力度過，他的焦慮就越能冷靜下來，視野也越清晰，生命變得越來越明顯可見。

他能更清楚地看到自己。不再感到受限制，知道自己有許多選擇。不再覺得自己不夠好，而且是值得被愛的。加上他能看見安德烈也變得更客觀。不再只是暴君或聖人，而是有多重面向的人類。一個有自己過去歷史、恐懼，與掙扎的人，也是一個盡全力要維持關係的人。這些都讓他鬆了一口氣。

特洛伊微笑著回憶幾天前安德烈抵達的景象。安德烈到機場後直接去接特洛伊下班。特洛伊在大廳等他，當他們靠近彼此，他注意到安德烈有些猶豫。特洛伊看得出來安德烈感到焦慮與不確定，他猶豫著自己應該如何在這樣專業的場合和他打招呼？**我應該抱他嗎？握手？應該要怎麼做比較適合？**在過去，特洛伊可能不會注意到安德烈的自我意識。他可能不會看到他的脆弱，相反地，他會陷入自己情緒的反射模式中。他會看著安德烈的猶豫，並想這一定又是自己的問題。他又做錯了什麼？或是他會擔心安德烈遲疑了。

這次不同了。特洛伊看見安德烈的掙扎，而這感動了他。他覺得很可愛，內心滿溢著愛。特洛伊往前一步，雙臂環抱安德烈。能夠在一起感覺真好。「**他真是一個貼心的人**」，特洛伊內心想著自己真是幸運。

當我們面對我們的恐懼、當我們想要靠近伴侶，與他們分享我們自己、當我們探索與他們相處的新方式，一切就改變了。我們不再受早期程式設定的掌控，我們的選項變得寬廣，視角變得廣闊，視野也變得清晰。我們能用更細緻的方式看到並體驗到我們自己、我們的伴侶，與我們的關係。我們更能充分把握每一刻。我們能夠更敏感與熟練地做出回應。我們的體驗變得豐富，關係變得強大，愛也加深了。

與人交往給我們無數成長與療癒的機會。每次面臨挑戰，每次遇到僵局時，我們就有機會可以讓事情變得更好。每次我們被觸發時，就是打破慣性並了解我們真正潛能、更新我們迴路，並加強我們之間連結的好機會

當我們有覺察，我們就會看到通往自由的道路。我們能夠把事情慢下來，延長刺激和反應之間的空間，做出與我們最好的自己相符合的選擇。

所以當這樣的時刻來到，我們可以問自己，想要怎麼呈現自我。我們想要成為誰？對我們關係最好的做法是什麼？什麼樣的做法會讓關係更穩固？

接著，我們就能靠近伴侶並開始努力。我們能帶進自己的特質，改善情勢。這會強化我們與伴侶的連結，也會讓我們與伴侶更親密。我們可以冒險分享那些一直不敢分享的感受、需求和欲望。

不論我們往前踏進一小步還是一大步都沒有關係，每件事都有幫助，這是我們一輩子的課題。每次在察覺上做努力，都能讓我們增加維持在當下、更真實也更能與人連結的能力。

練習的時候，要對自己寬容、有耐心。我們必須鼓勵並支持自己，當我們把自己層層剝開，更完整地停留在當下時，我們必須提醒自己，現在做的努力有多麼重要。

我們必須提醒自己這些努力是為了什麼。

練習在關係中全心全意地呈現出自我是愛的行動。愛我們自己也愛他人。我們尊重自己的感受，讓我們有機會可以成為真正的自己，實現真實的自己。我們也尊重我們的伴侶。我們讓他們知道他們對我們有多重要。我們的關係對我們來說有多麼重要。我們將把我們的所有都向他們展露。我們會認真去愛。

情緒覺察照亮往前的道路。現在你有了工具引導你踏上旅程，希望這些對你有幫助，希望這些能帶給你深切的愛。

附錄——尋求專業協助

在某些時刻，你可能需要受過訓練的專業人士協助你情緒成長與療癒。心理治療師能幫助你增強你的意識與能力，以有建設性地體驗你的感受，解決過去未了結的議題，並跨越那些阻止你停留在關係中當下情緒的圍欄。此外，伴侶諮商師能夠幫助你與你的伴侶解開心結，發展出健康的相處模式，做出更深刻地連結。

當需要尋求這樣的協助，找到一個能從**體驗**出發的治療師非常重要，這代表他們使用的治療模式是專注在人當下的情緒體驗上。你會了解到改變是透過**體驗**發生，而不是動動嘴巴就能做到的。做些功課，從有好的治療經驗的人那裡取得聯繫電話、或是經由親友轉介，詳細詢問治療師所採取的方式，他們所完成的訓練，以及執業經驗。當你找到似乎合適的心理治療師，請接受諮商看看。你應該能夠感覺出他們是否適合你，是否能在你準備好要展開這個過程時幫助你。

這裡列出一些強調情緒體驗作為療癒與改變的治療手法。AEDP，也就是我所使用的模式，對於處理依附類型相關議題，及幫助人們發展出更健康的相處方式特別有效。接下來我列出一些我熟悉的體驗式心理治療以及相關網站，讓你能夠得到更多，你也可以搜尋鄰近周遭是否有相關類型的治療師。此外，你也可以從全美國或地方職業協會的目錄索引找到治療師。很多美國的州和省份都有各地心理治療師索引，可以協助你搜尋。

- 加速體驗式動態心理治療〔Accelerated Experiential Dynamic Psychotherapy (AEDP)〕：aedpinstitute.org
- 影響恐懼治療〔Affect Phobia Therapy (APT)〕：affectphobiatherapy.com
- 情緒取向治療〔Emotion(ally) Focused Therapy (EFT)〕：iceeft.com and iseft.org
- 體驗式動態心理治療〔Experiential Dynamic Therapy〕：iedta.com
- 眼動身心重建法〔Eye Movement Desensitization and Reprocessing (EMDR)〕：iedta.com
- 內在家族系統〔Internal Family Systems (IFS)〕：selfleadership.org
- 感官動能心理治療〔Sensorimotor Psychotherapy〕：sensorimotorpsychotherapy. org
- 身體經驗創傷療法〔Somatic Experiencing (SE)〕：traumahealing.org

致謝

「除了感謝，再感謝，我沒有其他回答。」

——威廉・莎士比亞（William Shakespeare）

當我想到每一位用他們各自的方式協助我完成這本書，我感到十分感動與榮幸。我滿懷感恩的心，想要感謝：

湯瑪士・佛蘭納瑞，我的經紀人，為這個計畫找到完美的家。

薇樂麗・可林，我在Central Recovery Press出版社的編輯，讓這本書有了翅膀，以及整個CRP優秀團隊的才能、關照、努力與投入。

賈姬・費德利・克伯納，我的寫作指導與信賴的夥伴，感謝她的文學魔法，讓我可以確實寫出我的意思（以及她其他更多的魔法）。

我那些令人尊敬、值得珍惜的同事們，提摩西・拜耳、黛安娜・佛莎、琳達・葛拉漢，以及蘇・安畢利艾羅，他們對我手稿寶貴的意見回饋、他們的大方以及充滿愛的支持。

那些著作圍繞著我的教師、同事與學者們，當我寫作，他們的教導總是我的靈感來源、指引與支持，大部分我都有在文中引用。

黛安娜‧佛莎，AEDP的開發者，她深遠的影響我的生命與工作，也出現在這本書的每個章節。

我的學生、研究生與實習生，總是用他們的學習欲望刺激我，讓我想挑戰將我的想法訴諸於文字。

我的個案們，從以前到現在的，讓我成為他們旅程的一部分，與我分享他們最脆弱的自己，啟發我全心全意的面對他們。

實際上支持我、陪伴我，並且讓我開懷的朋友們。

我的家人，他們總是堅定不移地相信我，且給我無與倫比的愛。

以及最後，我的丈夫，提姆‧拜耳，感謝他握著我的手（字面上的也是譬喻）走過每一步，提供我所寫出關於愛與被愛的轉變體驗。

參考書目

1. National Opinion Research Council, *General Social Survey: Trends in Psychological Well-Being, 1972-2014* (Chicago, IL: University of Chicago Press, 2015).
2. Robert Johansson, et al., “Internet-Based Affect-Focused Psychodynamic Therapy for Social Anxiety Disorder: A Randomized Controlled Trial With 2-Year Follow-Up,” *Psychotherapy*, Vol. 54, No. 4 (2017): 351-60.
3. John M. Gottman, *The Seven Principles for Making Marriage Work*, (New York, NY: Harmony Books, 2015)／約翰・高特曼《恩愛過一生：幸福婚姻七守則》，謎悠文譯，天下文化，2000 年
4. Paul Gilbert, *The Compassionate Mind: A New Approach to Life's Challenges*, (Oakland, CA: New Harbinger Publications, 2009)
5. Christopher K. Germer, *The Mindful Path to Self-Compassion: Freeing Yourself from Destructive Thoughts and Emotions*, (New York, NY: Guilford Press, 2009)
6. Diana Fosha, *The Transforming Power of Affect*, (New York, NY: Basic Books, 2000).

Chapter 1

1. John Bowlby, *Attachment: Attachment and Loss, Volume One* (New York, NY: Basic Books, 1969)
2. M.A. Bracket, et al., "Emotional intelligence: Implications for personal, social, academic, and workplace success," *Social and Personality Psychology Compass,* Vol. 5, No. 1 (2011): 88-103
3. Adapted from Donald O. Hebb, *The Organization of Behavior* (New York, NY: John Wiley and Sons, Inc., 1949)
4. John Bowlby, *Loss: Sadness, and Depression, Volume 3* (New York, NY: Basic Books, 1980).
5. Joseph LeDoux, *Anxious: Using the Brain to Understand and Treat Fear and Anxiety* (New York, NY: Penguin Books, 2015)

Chapter 2

1. K. A. Brennan, C. L. Clark, and P. R Shaver, "Self-Report Measurement of Adult Romantic Attachment: An Integrative Overview," in *Attachment Theory and Close Relationships,* eds. J. A. Simpson and W. S. Rholes (New York, NY: Guilford Press,1998), 46-76
2. Louis Cozolino, *The Neuroscience of Human Relationships* (New York, NY: W.W. Norton and Company, 2014)
3. Diana Fosha, *The Transforming Power of Affect* (New York, NY: The Perseus Book Group, 2000)
4. Daniel J. Siegel, *Mindsight: The New Science of Personal Transformation* (New York, NY: Bantam, 2010)

Chapter 3

1. Leigh McCullough, *Changing Character: Short Term Anxiety-Regulating Psychotherapy* (New York, NY: Basic Books, 1997)
2. Ronald J. Frederick, *Living Like You Mean It: Use the Wisdom and Power of Your Emotions to Get the Life You Really Want,* (San Francisco, CA: Jossey Bass, 2009)
3. Daphne M. Davis and Jeffrey A. Hayes, "What Are the Benefits of Mindfulness? A Practice Review of Psychotherapy-Related Research," *Psychotherapy,* Vol. 48, No. 2 (2012)
4. Jon Kabat-Zinn, *Wherever You Go There You Are: Mindfulness Meditation in Everyday Life,* (New York, NY: Hyperion,1994)
5. Jeffrey M. Schwartz and Rebecca Gladding, MD, *You Are Not Your Brain: The 4-Step Solution for Changing Bad Habits, Ending Unhealthy Thinking, and Taking Control of Your Life* (New York, NY: Avery Publishing, 2012)
6. Rick Hanson, *Buddha's Brain: The Practical Neuroscience of Happiness, Love, and Wisdom* (Oakland, CA: New Harbinger Publications, 2009)／瑞克・韓森《像佛陀一樣快樂：愛和智慧的大腦奧秘》，雷叔雲譯，心靈工房，2011 年
7. Kristin Neff, *Self-Compassion: Stop Beating Yourself Up and Leave Insecurity Behind,* (New York, NY: Harper Collins, 2011)／克莉絲汀・聶夫《寬容，讓自己更好：接受不完美的心理練習》，錢基蓮

譯，遠見天下文化，2013 年
8. Paul Gilbert, PhD., “The Practice of Learning and Change.” Speech at Mindfulness and Compassion: The Art and Science of Contemplative Practice Conference. (Berkeley, CA: University of California Greater Good Science Center, 2015)
9. Matthew D. Lieberman, Naomi I. Eisenberger, Molly J. Crockett, et al, “Putting Feelings Into Words: Affect Labeling Disrupts Amygdala Activity in Response to Affective Stimuli,” *Psychological Science,* Vol. 18, No. 5 (2007): 421-28
10. 如果你想要了解更多關於三角圖及我們的情緒動能，我邀請你閱讀我的第一本書：《**認真地活：用你的情緒智慧與力量達到你真正想要的生活**》
11. Diana Fosha, *The Transforming Power of Affect* (New York, NY: The Perseus Book Group, 2000)
12. Siegel, *Mindsight.*／丹尼爾・席格《**第七感：自我蛻變的新科學**》，李淑珺譯，時報出版，2010 年
13. Neff,*Self-Compassion*

Chapter 4

1. 「停止與往下」是我從同事蘇安畢利艾羅博士學到的說法，我在此還加上「停留」。
2. Daniel J. Siegel, *The Developing Mind: How Relationships and the Brain Interact to Shape Who We Are* (New York, NY: Guilford Press. 1999)／丹尼爾・席格著《**人際關係與大腦的奧秘**》，王豐彬譯，洪葉文化。，2007 年

3. Pema Chödrön, *Taking the Leap: Freeing Ourselves from Old Habits and Fears* (Boulder, CO: Shambhala, 2009)／佩瑪・丘卓《不被情緒綁架：擺脫你的慣性與恐懼》，雷叔雲譯，心靈工房，2012 年

4. Daniel Goleman and Richard J. Davidson, *Altered Traits: Science Reveals How Meditation Changes Your Mind, Brain, And Body,* (New York, NY: Penguin Books 2017)／丹尼爾・高曼與理查・戴維森《平靜的心，專注的大腦：禪修鍛鍊，如何改變身、心、大腦的科學與哲學》，雷叔雲譯，天下雜誌，2018 年

5. Joseph LeDoux, Anxious: *Using the Brain to Understand and Treat Fear and Anxiety* (New York, NY: Penguin Books 2016)

6. Richard Brown, MD and Patricia Gerbarg, MD, *The Healing Power of the Breath: Simple Techniques to Reduce Stress and Anxiety, Enhance Concentration, and Balance Your Emotions,* (Boulder, CO: Shambhala, 2012)／理查・布朗與柏崔霞・葛巴《呼吸的自癒力：簡單幾步驟，降低壓力和焦慮，提高專注力，帶來情緒的平衡》，陳夢怡譯，天下生活，2015 年

7. Sue Johnson, *Hold Me Tight: Seven Conversations for a Lifetime of Love,* (New York, NY: Little, Brown, 2008)／蘇珊・強森《抱緊我：扭轉夫妻關係的七種對話》，劉淑瓊譯，張老師文化，2009 年

8. Richard Schwartz, *You Are the One You've Been Waiting For: Bringing Courageous Love to Intimate Relationships,* (Oak Park, IL: Trailheads Publications, 2008)

9. Giacomo Rizzolatti and Corrado Sinigaglia, *Mirrors in the Brain: How Our Minds Share Actions, Emotions,*

and Experience (Oxford, UK: Oxford University Press, 2008)

Chapter 5

1. Diana Fosha, "Emotion and Recognition at Work: Energy, Vitality, Pleasure, Truth, Desire, and the Emergent Phenomenology of Transformational Experience," in *The Healing Power of Emotion: Affective Neuroscience, Development and Clinical Practice,* eds., Diana Fosha, PhD., Daniel J. Siegel, MD, and Marion Solomon, PhD (New York, NY: W.W. Norton & Company, 2009)
2. Diana Fosha, "Emotion, True Self, True Other, Core State: Toward a Clinical Theory of Affective Change Process," *Psychoanalytic Review.* Vol. 92, No. 4 (2005): 513-52
3. Rick Hanson and Forrest Hanson, *Resilient: How to Grow an Unshakable Core of Calm, Strength, and Happiness* (New York, NY: Harmony Books, 2018)／瑞克・韓森與佛瑞斯特・韓森《力挺自己的12個練習：腦科學X正向心理學，改變大腦負向思維，建立逆境挫折都打不倒的內在力量》，朱靜女譯，天下雜誌，2019年
4. Fosha, *The Healing Power of Emotion.*
5. Ibid.
6. Mark Epstein, *The Trauma of Everyday Life,* (New York, NY: *Penguin Books, 2013)*
7. James W. Pennebaker and Joshua M. Smyth. *Opening Up by Writing It Down: How Expressive Writing Improves Health and Eases Emotional Pain* (New York, NY: Guilford Press, 2016)

8. Daniel Goleman, *Emotional Intelligence: Why It Can Matter More Than IQ* , (New York, NY: Bantam Books, 1995)╲丹尼爾・高曼《EQ：決定一生幸福與成就的永恆力量》，張美惠譯，時報出版，2016年

9. Adapted from Sarah Thompson, *Focus on Emotions,* SA-exchange. February 9, 2017. https://sa-exchange.ca/ryersonsa-has-the-feels-201- part-1/

10. Sue Johnson, *Love Sense: The Revolutionary New Science of Romantic Relationships,* (New York, NY: Little, Brown, 2013)╲蘇珊・強森《愛是有道理的》，張美惠譯，張老師文化，2014年

11. Eugene T. Gendlin, *Focusing-Oriented Psychotherapy: A Manual of the Experiential Method* (New York, NY: Guilford Press, 1996)

12. Diana Fosha, "Emotion, True Self, True Other, Core State: Toward a Clinical Theory of Affective Change Process," *Psychoanalytic Review.* Vol. 92, No. 4 (2005): 513-52

13. Steven C. Hayes, Kirk D. Strosahl, and Kelly G. Wilson, *Acceptance and Commitment Therapy, Second Edition: The Process and Practice of Mindful Change,* (New York, NY: Guilford Press, 2016)

14. Adapted, in part, from Russ Harris, *The Happiness Trap: How to Stop Struggling and Start Living,* (Boston, MA: Shambhala/Trumpeter Books, 2008)

Chapter 6

1. Sharon Salzberg, *Real Love: The Art of Mindful Connection,* (New York, NY: Flatiron Books, 2017)

2. Brené Brown, *Daring Greatly: How the Courage to Be Vulnerable Transforms the Way We Live, Love, Parent, and Lead,* (New York: NY, Avery, 2015)／布芮尼・布朗《脆弱的力量》，洪慧芬譯，馬可孛羅，2013 年

3. Linda Graham, *Bouncing Back: Rewiring Your Brain for Maximum Resilience and Well-Being,* (Novato, CA: New World Library, 2013)

4. John M. Gottman, and Nan Silver, *The Seven Principles for Making Marriage Work,* (New York, NY: Harmony Books, 2015)約翰・高特曼與南・西爾弗《恩愛過一生：幸福婚姻七守則》，謀悠文譯，天下文化，2000 年

5. Daniel Goleman, *Focus: The Hidden Driver of Excellence,* (New York, NY: HarperCollins, 2013)／丹尼爾・高曼《專注的力量：不再分心的自我鍛鍊，讓你掌握 APP 時代的卓越關鍵》，周曉琪譯，時報文化，2014 年

6. *Emily Esfahani Smith, "Masters of Love," Atlantic, June 12, 2014*

7. *Pascal Vrticka, Frédéric Andersson, Didier Grandjean, David Sander, Patrik Vuilleumier, "Individual attachment style modulates human amygdala and striatum activation during social appraisal," (PLoS ONE 3 (8): e2868, https://doi.org/10.1371/journal. pone.0002868, 2008).*

8. Shunryu Suzuki and David Chadwick, *Zen Mind, Beginner's Mind: Informal Talks on Zen Meditation and Practice,* (Boston, MA: Shambhala Publications, 2011)／鈴木俊隆《禪者的初心》梁永安譯，橡樹林，

2015 年
9. Daniel J. Siegel, *Mindsight: The New Science of Personal Transformation,* (New York, NY: Bantam Books, 2010)／丹尼爾・席格《第七感：自我蛻變的新科學》，李淑珺譯，時報出版，2010 年
10. Louis Cozolino, *Why Therapy Works: Using Our Minds to Change Our Brains* (New York, NY: W.W. Norton and Company, Inc., 2016)
11. Graham, *Bouncing Back.*
12. Daniel H. Lee and A.K. Anderson, "Reading What the Mind Thinks from How the Eye Sees," *Psychological Science,* Vol. 28, No. 4 (2017): 494-503
13. Susan Gillis Chapman, *The Five Keys to Mindful Communication: Using Deep Listening and Mindful Speech to Strengthen Relationships, Heal Conflicts and Accomplish Your Goals,* (Boston, MA: Shambhala Publications 2012).
14. Germer, *The Mindful Path to Self-Compassion*
15. Fosha, *The Transforming Power of Affect*
16. *Pat Ogden, PhD and Janina Fisher, Sensorimotor Psychotherapy: Interventions for Trauma and Attachment, (New York, NY: W.W. Norton and Company, 2015)*
17. Brené Brown, *The Gifts of Imperfection: Let Go of Who You Think You're Supposed to Be and Embrace Who You Are,* (Centre City, MN: Hazelden Publishing, 2010)／布芮尼・布朗《不完美的禮物：放下「應該」

的你，擁抱真實的自己》，田育慈譯，心靈工房，2013年

Note

國家圖書館出版品預行編目（CIP）資料

我值得一段好關係：運用情緒覺察的力量找到關係平衡／
羅納・費德烈克（Ronald J. Frederick）作；李律譯.
-- 初版. -- 新北市：世潮出版有限公司，2021.06
面；　公分. --（暢銷精選；83）
譯自：Loving like you mean it : use the power of emotional
mindfulness to transform your relationships
ISBN 978-986-259-075-1（平裝）

1.情緒管理　2.生活指導

176.52　　110003378

暢銷精選 83

我值得一段好關係：運用情緒覺察的力量找到關係平衡

作　　者／羅納・費德烈克
譯　　者／李律
主　　編／楊鈺儀
責任編輯／李雁文
封面設計／鄭婷之
出 版 者／世潮出版有限公司
地　　址／（231）新北市新店區民生路 19 號 5 樓
電　　話／（02）2218-3277
傳　　真／（02）2218-3239（訂書專線）
劃撥帳號／ 17528093
戶　　名／世潮出版有限公司　單次郵購總金額未滿 500 元（含），請加 80 元掛號費
世茂網站／ www.coolbooks.com.tw
排版製版／辰皓國際出版製作有限公司
印　　刷／傳興彩色印刷有限公司
初版一刷／ 2021 年 6 月
　　二刷／ 2022 年 3 月
I S B N ／ 978-986-259-075-1
定　　價／ 360 元